JN189414

日本は経済から再起動する

フォーラム21 梅下村塾31期生

丸善プラネット

はじめに

本書は、40人の中間管理職による共著本である。

「経済」という一つのテーマに対して、40人が真剣に向き合って、いま着手すべき提言をまとめたものである。一つの専門的なテーマに40人の素人が取り組んだ本は、おそらく世界でも類を見ないだろう。

ただ、私たちはそれをやる必要があった。世界が大きく、しかも、非連続に変動するなかで、日本の相対的な地盤沈下が進んでいる。この危機的状況において、国の単位でも、私たち一人ひとりも、従来のやり方から脱却できていない。頭ではわかっていても、動きだせないでいる。

このままでは、このままだ。

有限の時間のなかで、絶望している暇はない。

まず、動きだすことが先決だ。
これまでとは違う、道なき道を突き進むために、
知らないことは、調べよう。専門家にも話を聞こう。
そして、自ら足を動かし、自分の目で確かめよう。
自分の頭で考えて、自分の意見を持とう。
それらが、必ず、日本を一歩でも半歩でも動かしてくれるだろう。

この1年間、日本の未来について、日本の経済について議論を交わし、意見を闘わせた軌跡の痕跡こそが、この共著本である。

少しだけ、この40人について、紹介させてもらいたい。
私たちは、民間企業と官庁の40・50代の中間管理職が集められた異業種交流の場「フォーラム21・梅下村塾」の31期生である。平成元年から31年までの間になんと、塾生1031人を輩出した次世代リーダー育成研修の現役生である。

約1年間の研修は、濃縮された緻密なプログラムで構成されており、各業界のトップ、各界

の第一人者の生の声を聴く場や、自己鍛錬を目的とした坐禅修行や自衛隊入隊体験、そして、大量の読書と年間1000時間を超える議論の場が設けられている。

きわめて長い拘束時間であり、家族よりも研修の仲間と会う時間のほうが長くなる。礼状は万年筆でと決められており、パソコン入力が当たり前、SNS等での即時コミュニケーションが当たり前の世の中とは逆行した日々を送った。私たちの多くは、梅下村塾のルールや用意されたプログラムを反射的に、直観的に取り入れた。結果、これからの大きな人生に影響を及ぼすだろう、さまざまな経験、そして最高の仲間を得たことを、40人の誰もが確信している。

私たちは、社会に最も順応できる世代である。

私たち40人の平均年齢は46・3歳。高度経済成長期を駆け抜けた団塊世代の子どもたち、いわゆる団塊ジュニア世代が中心である。私たちは第二次ベビーブームに生まれ、数だけは多く、競争の人生を送ってきた。受験のため、卒業のため、就職のため、出世のため、どんな理不尽なことにも耐えてきた、最も順応性に長けている世代である。

一方、新しい変革の芽を見極め、創造し、実現できる世代でもある。

人数が多いことで幅広い人材が揃ったこと、また、生き残りへの執着が強く、新しいことや世の中の変化に敏感で、行動力のある異端児も多い。堀江貴文氏や孫泰蔵氏、サイバーエージェントの藤田晋氏など、脚光を浴びている若き創業者にはこの世代が多い。

彼ら創業者たちがそうであるように、

新しい変革の芽を見極め、**〈異能の眼を操るカメレオン〉**でありたい。

カメレオンが環境への順応性が高いことは、誰もが知るところである。さらに面白いのは、獲物を捕獲するために、2つの眼がまったく異なる動きをすることだ。右目は、真正面の獲物をとらえ、左目はまったく異なる方向の獲物をも視野に入れることができる。つまり、最高の獲物を捕獲し、生き残るために、進化し続けてきたのだ。あまり特徴のない平均的な人間集団に見られがちな私たちだが、実は、社会を大きく変革させる能力を備えているはずだ。

道なき道を突き進むためには、ときに革命児であることが必要である。私たちは、順応性が高く、社会や企業にとって都合のいい優等生から、そろそろ卒業しなければならない。そう、私たちは、新しい道を切り拓くために、**〈異能の眼を操るカメレオン〉**になろう。

なぜなら、その使命をまっとうする能力を備えているのだから。

だからこそ本書は、同世代の、忙しい40・50代の皆さんに読んでもらいたい。

「目の前の仕事で精いっぱいだ」、「新しいことを仕掛けられるほど、若くないし、リスクも背負えない」……そんな声が聞こえてきそうだが、少しだけでいい、私たちと日本の未来について いっしょに考えてみてほしい。そして、私たちが考えた提言について、遠慮なくダメ出ししてほしい。より成功の確率を高め、道なき道への起動を促すために。

40人という数多くの執筆者によって書き下ろしたため、一冊の本としては読みくい部分もあるかもしれない。ただ、何よりこの本が、日本の行く末を皆で考えるきっかけとなり、さらなる議論を誘発し、日本再起動の一助になるのであれば、これに勝る喜びはない。

道なき道を突き進む、起動力を。

目次

第1章 デジタライゼーションで、再起動 ―― 29
～データ×ルール×日本の強み～

第4章 雇用改革で、再起動 ～再チャレンジ可能な流動化社会を～

第5章 再起動の、土台固め ～労働人口減少対策と社会保障改革～

提言29 新たな弱者を生まないためのセーフティネット

おわりに

序章

いまこそ、経済から再起動

日本経済は好調のように見える。

景気動向指数を見れば、景気拡大期は、いざなぎ景気、いざなみ景気を超え、戦後最長に迫る勢いだ。上場企業の最終利益は、2年連続で過去最高となった。個々の企業業績を見ても、「過去最高」といった記事を多く目にする。有効求人倍率も、すべての都道府県で1倍を超えている。

私たちの日々の生活を考えても、一般的なサラリーマン世帯では、「食うに困る」といったことはない。住宅ローンに悩まされ、家族のスマホ代や学費の高さに驚くことはあっても、深刻な不便は感じず、趣味やレジャーも多様化してそれぞれがそれなりに日々をエンジョイしている。

では日本が盤石かといえば、そうはいえない。

少子高齢化が進み、すでに日本の総人口は、2010年をピークに減少局面に入っている。2100年の総人口は、いまの半分ほどと予想されている。

人口の減少、とくに、生産年齢人口の減少は、生産・消費両面で経済活動に大きく影響し、また社会保障制度の持続可能性にも直結している。すでに、国・地方を合わせた政府の長期債務残高は、GDPの2倍近くに上っており、諸外国に類を見ない最悪の水準である。今後も、支えられる側の高齢者は増え、支える側の働き手は減っていく。

世界第2位の地位を誇った経済規模は、中国に追い越されて10年近くが経とうとしている。10年後にはインドに追い越されるとの予想もある。「経済規模は人口に比例するのだから仕方がない」という指摘もあるかもしれない。しかし、日本の一人当たり名目GDPは、4万ドル程度で、世界第25位（2017年）。生産性の低さも大きな課題となっている。

資源の乏しい日本をかろうじて支えてきたのは、優秀な人材だといわれてきた。しかし、いまの教育環境は心もとない。英国の教育専門誌による「世界大学ランキング」の上位100校に入るのは2校だけだ。長期留学の日本人学生は増えず、海外旅行を敬遠する学生や海外勤務を嫌う新入社員も増え、「若者の内向き志向」が指摘されている。その一方で、より高い給与水準やより働きやすい環境を求めて転職する者がいるが、その転職先はほとんどが外資系企業だ。

トランプ政権の「アメリカ・ファースト」路線、中国の「一帯一路」政策、イギリスのEU離脱など、国際社会は大きく変化しようとしている。朝鮮半島情勢も不安定だ。自前の軍隊を持たず、アメリカに大きく依存する日本の安全保障体制は、国際社会の中ではかなり異質であり、かつ、脆弱なものであることを認識しなければならない。

世界経済はＡＩ、ＩｏＴ、ロボットなどの先端技術を活用した「第四次産業革命」により、構造的な変化が始まっている。技術の進展が、生産・流通・消費の各段階を高度化させるだけでなく、それぞれのあり方をまるで異なるものにするほどの変化をもたらそうとしている。その変化の中で、日本や日本の企業が存在感を示しているとは言いがたい。

日本はこのままで大丈夫だと、胸を張って断言することは到底できない。むしろ、日本は「危機」にある。

日本の「危機」

「日本の第三の危機」という言葉が多く聞かれたのは、2011年、東日本大震災の後だった。死者・行方不明者合わせて2万人を超え、福島第一原発事故による避難者は、16万人以上にのぼる未曾有の大災害であった。

振り返って「第一の危機」。それは、ペリーの黒船来航に始まった。欧米列強の圧力を受け、常に植民地化される恐怖と背中合わせであった。国のあり方を巡る争いで、新政府軍と旧幕府軍との間に多くの日本人の血が流れ、命が失われた。その後、明治政府は近代国家としての体制を整え、殖産興業と富国強兵を推し進め、日清戦争、日露戦争における勝利で大国の仲間入りを果たすに至った。

「第二の危機」は、太平洋戦争の敗戦であった。いまから振り返ると無謀ともいえる戦争の結果、すべてが失われ、焼け野原だけが残った。国土が「占領」されるという屈辱も味わうこととなった。政府の要人は公職から追放され、財閥は解体された。しかしこの国難に際しても、復興に向けた国民の努力により、世界中が目を見張る経済復興を実現した。そして、高度成長期を経て、日本は世界第2位の経済大国の地位を獲得した。

このように日本は、二度にわたる国家存亡の危機を乗り越えた。それでは、２０１１年の危機はすでに乗り越えたのだろうか。震災復興は道半ばとはいえ、製造業の生産能力などは震災前の水準に戻り、マクロでも緩やかな景気拡大や好調な企業業績といった経済状況を示している。目に見える「危機」は脱出したと言えるかもしれない。

しかし、今後加速する人口減少・超高齢化や変化する国際情勢への対応、第四次産業革命時代のイノベーション創出といった、先々の日本を見据えた根本的な手立ては打たれていない。むしろ日本の危機はもっと深刻になっているように思える。じつはいまの日本の状況こそ「第三の危機」なのではないか。

これまでの二度の危機が、全国民に待ったなしの危機意識を迫る「目に見える危機」だったのに対し、現在の日本が抱える人口減少などの構造的な問題は、なかなか日常生活からは感じにくい。「見えざる危機」であることが、問題を根深くしている。

だからこそ、まずはいまの日本を生きる私たちが、この現状を健全な危機感を持って見直すことから始めなければならない。そしてこの危機は、「変革に向けた大きなチャンス」だと考えたい。さまざまな課題を世界に先駆けて乗り越えていくことが不可避ないまこそ、豊かな日本が存続していくために、抜本的な変革による日本の立て直し・強化のチャンスである。明治の列強による浸食の危機からも、戦後の焼け野原の荒廃からも、危機をトリガーにさらに大きな日本へと脱皮することに成功した。私たちにも絶対できる。そのために私たち一人ひとりが、「平成」が終わろうとしているいま、新しい時代の日本を創る変革のときだという意識を持って立ちあがっていきたい。

やはり「経済」が重要だ

新しい時代の日本はどうあるべきか。

13世紀末、マルコ・ポーロは「東方見聞録」で、日本を「黄金の国《ジパング》」と呼び、日本人が礼儀正しく穏やかであることを称賛した。明治維新後に来日したアメリカの動物学者E・S・モースも、日本人の勤勉さや礼儀正しさを驚きを持って書き残している。このような日本人の美徳は、これからも世界に誇るべきものとして受け継がれなければならない。

また、日本国憲法前文では、「われらは、平和を維持し、専制と隷従、圧迫と偏狭を地上から永遠に除去しようと努めてゐる国際社会において、名誉ある地位を占めたいと思ふ」と宣言している。このことに異論を唱える人は少ないだろう。

しかし、これらの価値をどう実現するかが問題だ。「衣食足りて礼節を知る」という諺がある。個人であれば、生活にゆとりができてこそ、礼儀や節度を保つことができるのであり、国であれば、経済力があってこそ、国際社会において「名誉ある地位」が得られるのではないか。

振り返れば、過去の二度の危機の克服も、「経済」がキーワードであった。

明治政府は、富国強兵と並行して殖産興業政策を進めた。官営富岡製糸場で生産された生糸を輸出して外貨を獲得し、鉄鉱石を輸入し、国内の石炭資源と合わせて、官営八幡製鉄所を稼働させた。本家イギリスにスタートは1世紀以上遅れながらも、日本版の産業革命に成功した。このような政策を通じて蓄えた経済力こそが、日清・日露戦争を耐え抜くことを可能にしたのである。

一方、太平洋戦争後の日本は、アメリカに大きく依存する安全保障政策をとりつつ、経済成長と経済発展を最優先課題とする「吉田ドクトリン」のもと、経済国家としての歩みを鮮明にした。それが功を奏し、朝鮮戦争の特需もあって、早期の復興が実現した。その後は、「所得倍増計画」のもと、ＧＤＰ10％超の高度成長を実現した。70年代に入ってからは、オイルショックや急激な円高の逆風があったが、その後も安定成長を持続。１９７９年、アメリカ人社会学者のエズラ・ヴォーゲルが自著で、「ジャパン・アズ・ナンバーワン」と称するに至った。

ところが「平成」に入り、バブルが崩壊して以降、日本の経済国家としての成長の歯車が狂う。国民心情にも暗い影をもたらした。立ち直ろうともがくも、アジア通貨危機やリーマンショックといった海外発の経済危機にも直面し、日本経済は結局輝きを取り戻せないまま、世に言われる「失われた20年」を過ごすことになった。さらに、追い打ちをかけるように、2011年に東日本大震災を経験する。日本は「六重苦」（22ページコラム参照）と称される重荷を背負い、その後も日本経済の相対的な地位を引き上げられていない。失われた時代は「30年」といわれるまでに続き、力強さと自信を欠いたまま、平成の時代を終えようとしている。

この間、政治家も役人も経済人も、ただ指をくわえて眺めていたわけではない。企業はプラザ合意以降の急激な円高に対し、血のにじむ企業努力を続け、国内での人員対策を進めると同時に、急激な海外展開を図り、世界で戦い続ける競争力維持に奔走した。また、政・官も積極的な経済政策、外交政策とともに、行政改革にも取り組んできた。しかし、残念ながら、中国をはじめとした途上国の成長、ＥＵ一丸となった域内競争力強化などに遅れをとって、日本が相対的に世界の中での存在感を失ってきたことは否定できない。

そんな日本をもう一度、未来に向けて輝かせ、国際社会で一目置かれ続ける存在とするためには、経済が最重要であることは、歴史を振り返れば明らかだ。日本を経済から「再起動」させなければならない。

いま世界で何が起こっているか

新しい時代の日本を切り拓いて行こうとするからには、日本を取り巻く環境をよく分析しなければいけない。世界は急速なスピードで、大きく動いている。その変化を、的確に見極めなければならない。

第四次産業革命の到来と産業構造の変化

世界は「第四次産業革命」という大きなパラダイムチェンジを迎えている。自動運転システムやリアルタイムでの多言語翻訳、画像認識や音声認識、さらにはＡＩ技術、ＩｏＴ技術の進展により、従来は困難とされていたビッグデータの収集および分析が可能になった。

それによって、生産面においてはビッグデータの共有による生産性の向上や更なる技術革新がうながされ、また、消費面においてもビッグデータの分析に基づくきめ細かな商品・サービスが提供されている。また、消費者に関するデータが即時に生産者に届けられるなど、企業や消費者の行動に大きな影響を与えている。

特筆すべきは、米国のＧＡＦＡ（グーグル、アップル、フェイスブック、アマゾン）のような「プラットフォーマー」の動きだ。ちなみにプラットフォーマーとは、ビジネスを行うための基盤（プラットフォーム）となるソフトウェアやハードウェア、サービス、コンテンツなどを構築、提供する事業者のことを指す。そのプラットフォーマーが、個人の検索・購買・属性・趣味志向などのあらゆるデータを収集・分析し、次々に新しいサービスを提供することで市場を席巻している。

同時に、世界的規模で拡大しているのが「シェアリングエコノミー」だ。典型的な例の一つが、〝ライドシェア〟である。米ウーバー社が先鞭を付けたこのサービスは、「ある地点からある地点への移動」というサービスについて、従来のタクシーサービスが提供できなかったさまざまな付加価値を提供し、世界中で急速に広がりつつある。サービスの選択肢（運転手、車種、ルート等）やリアルタイムでの迎車・走行状況を可視化し、支払いをキャッシュレスで簡便化した。ユーザーにとってもサービス提供者にとっても利便性が高く、遊休資源（車、労働力）の活用という点でも優れたこのビジネスモデルは、必然的に従来型タクシーのビジネスモデルを破壊しつつある。

シェアリングエコノミーがさまざまな分野で拡大している背景には、スマホを通じた需要と供給のマッチングコストの低下、所有から利用への消費者の価値観の変化、環境にやさしいといった循環型経済の拡大などがあるといわれている。

「もの」「空間」「移動」「スキル」「お金」「時間」などの資源が、シェアリングの対象となる。ＡＩ、ＩｏＴに関する技術の進展により、需要と供給のマッチングはさらに高度化・多様化することが見込まれる。

こうした世界的規模で急速に進む変革は、経済・社会において新しい付加価値を生みだし、産業を取り巻く環境を大きく変化させている。たとえば、長らく日本の外貨獲得、そして経済成長を牽引してきた自動車産業をも飲み込みつつあり、ハードウェア供給の最大化を目指すという従来モデルの延長線上では、次世代の事業展開を語ることはできない。

同様に、伸長するヘルスケア分野においても、メディカル機器などのハードウェア供給中心の事業展開だけではなく、広範な医療データの活用、保険商品・サービス開発との連携、病院経営や介護事業を巻き込んだ事業モデルの設計など、まったく新しい経営戦略が必須となる。他にも再生可能エネルギー、観光、農業などさまざまな分野で、ＡＩ、ＩｏＴなどの技術を駆使し、異業種と広く連携し、事業展開の可能性を拡げていくことが求められる時代となっている。

これらの構造変化に対して法整備、基盤開発など、個別の企業だけで対処できない課題は多い。国を挙げての迅速な対応が求められている。

中国・インドの台頭により移動する世界経済の重心

２０１７年に、中国の名目ＧＤＰはすでに米国の約60％超の規模に達し、依然として６％台の経済成長を続けている。２０２９年前後にも名目ＧＤＰで米国を抜くといわれている。

いま、中国で起きていることを列挙すると、

●自動車革命（ＥＶ（Electric Vehicle）化を加速するべく２０１９年に新エネ規制導入）
●エネルギー革命（石炭火力禁止などの急速な「脱炭素シフト」）
●キャッシュレス化（２０１６年の年間モバイル決済額約６６０兆円）
●シェアリングエコノミー拡大（２０１６年の年間取引額約65兆円）

などが挙げられる。

「リープフロッグ（Leapfrog）」という言葉がある。「Frog（カエル）」が「Leap（跳躍）」するかのように、一足飛びに高くジャンプし、先進国の発展過程を経ずに最前線に躍り出る新興国ならではの発展を示す言葉として使われている。

中国は現在、大きな実験の真っ最中であり、20％に満たない自動車保有台数を考慮すると、

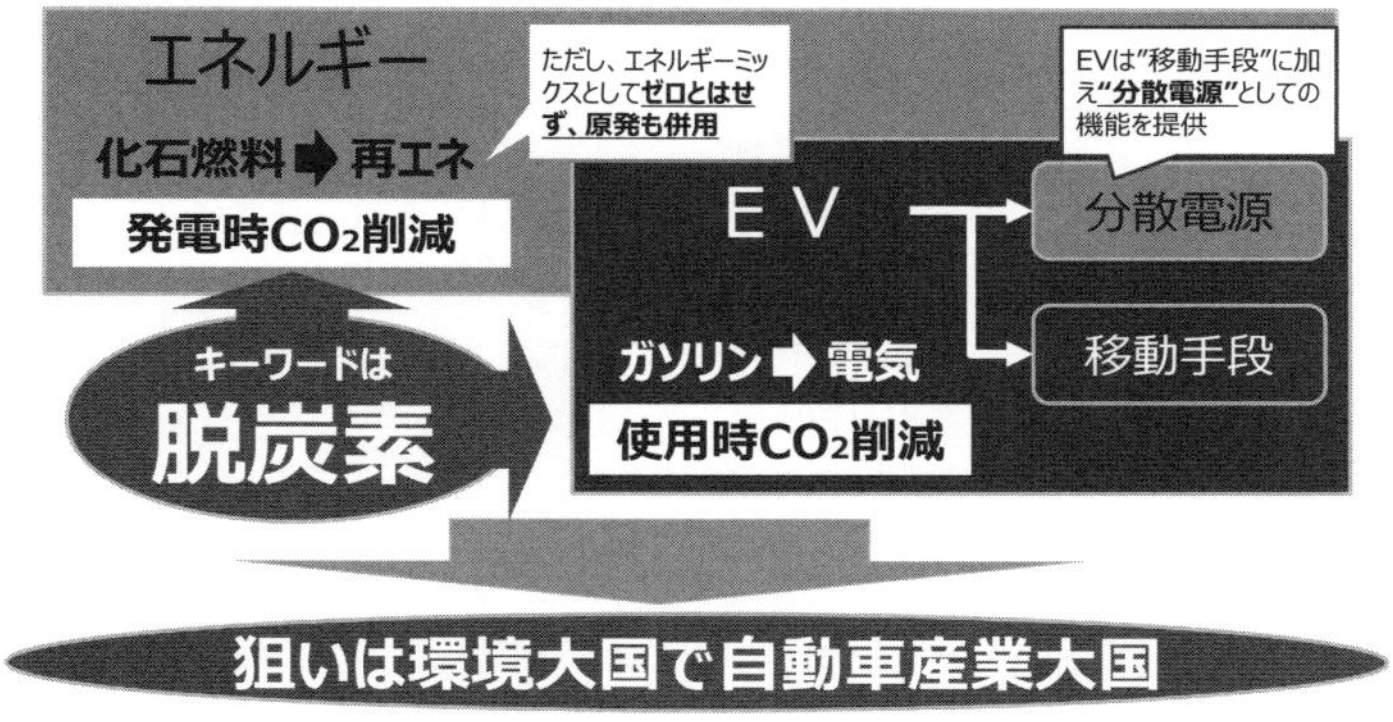

図表１　中国が狙うエネルギー革命＆EV革命

次の中国のリープフロッグの本命はまさに「ＥＶ」ではないか。そしてＥＶはモビリティとしての役割に加え、分散電源の役割も果たす。

中国は、環境大国と自動車産業大国を同時に目指しているように見える。（図表1）

２０１８年７月、アメリカは、中国からの輸入品に対する25％の追加関税を課し、中国も同規模の報復関税で応酬した。トランプ政権による「アメリカ・ファースト」の保護主義政策の一環といえるものだが、その底流にあるのは、猛烈な勢いで米国を追い上げる中国に対する危機意識の高まりであろう。

また、現時点でのインドのＧＤＰは２兆６１１０億ドルで世界第６位の規模だが、ＧＤＰ成長率は６％超で中国を上回る。インドは世界第２位の13億人超の人口を抱え、人口の約半分が25歳以下、未成年の数が５億人と非常に若い国であるため、人口、経済ともにいま以上に伸びると考えられる。ＨＳＢＣ（香港上海銀行）は、２０２８年前後にはインドは日本とドイツを抜き、世界第３位の経済大国となると予想している。

日本は、成長著しい中国、インドをはじめとした強力なライバルとの競争を生き抜きつつ、むしろ、これらアジアの国々をマーケットとして取り込んでいかなければならない。

新たなビジネスチャンスと注目されるＳＤＧｓ

急速に変化し、競争が激化する世界にあって、普遍的価値を持つ目標として注目されているのがＳＤＧｓだ。ＳＤＧｓとは２０１５年、国連において全会一致で採択された「持続可能な開発目標（Sustainable Development Goals）」であり、世界が２０３０年までに達成すべき17の環境や開発に関する国際的なゴールを定めている。

多くの海外企業やグローバル企業が、自分たちの取り組みがＳＤＧｓに合致することをＰＲし、ライバルとの差別化を図ろうとしている。その広がりを垣間見れる一例が、「ＥＳＧ投資」の広がりである。ＥＳＧとは、環境（Environment）、社会（Social）、ガバナンス（Governance）の頭文字をとったもので、今日、企業の長期的な成長のためには、この３つの観点が必要だという考え方が世界的に広まり、企業の資金調達への影響力を強めている。日本企業においてもこうした流れを受け、経営理念や中期計画でＳＤＧｓを前面に打ち出している企業が増えている。

ＳＤＧｓの中では、脱炭素がとくに注目すべき目標である。２０１７年6月、トランプ大統領の「パリ協定」離脱声明が世界に衝撃を与えた一方で、同年11月にドイツ・ボンで開催されたＣＯＰ23（国連気候変動枠組条約第23回締約国会議）には、脱退を表明した米国や〝脱炭素〟のリーダーを目指す中国など、世界中のビジネスマンが集結した。ちなみに、日本の国内外の石炭火力発電推進方針はＣＯＰ23で厳しく批判された。原発再稼動が進まない現状において、日本の脱炭素化への舵取りは非常に難しいものとなっており、国を挙げて考えるべき優先度の高い課題だ。

そして、ＳＤＧｓアジェンダそのものも、ルールメイキングの成果であることを意識しなければならない。多くの国や企業が自分たちに有利になるように、ルールメイキングによってゲームのルールを変更するのだ。日本企業にも、いままで以上に社会的課題解決への積極的な取り組みが必要となろう。

たとえば、開発途上国へのインフラ輸出などは典型的な事例であり、政府も企業もこうしたルールメイキングの動きに受け身の姿勢で従うのではなく、新たなビジネスチャンスととらえる戦略性が重要だ。この問題は後ほど改めて取り上げたい。

デジタライゼーションが変える「国家」の役割

アリババ創業者のジャック・マーは、「米国、中国、欧州、日本に次ぐ世界第5位のアリババ経済圏を構築する」と宣言している。一民間企業が国家的規模の経済圏をつくるという壮大な野望だ。

また、各国の規制強化で一時期の勢いをなくした感のある仮想通貨だが、現在も、世界共通の「通貨」として流通している。国家の信用力を背景とする中央銀行発行の法定通貨でもない、何ら信用の裏付けもないものが、一定の価値を持って流通しているのだ。仮想通貨の根幹となる技術がブロックチェーンだ。ブロックチェーンの持つ「管理者を必要としない」「改ざんができない」という2つの特徴によって、すでにボーダレスに、かつほぼゼロコストで、経済的な価値の移転が可能となっている。

こうした現実を踏まえると、米中の巨大化したＩＴ企業が、国家の枠組みをも越えた独自の経済圏をつくることも可能かもしれない。

一方で、関税・国内税制、個人情報保護、さらには安全保障などについては、政府の役割が厳然として残るなかで、世界の変化に対応しなければならない。政府だけの問題ではなく、日本という国全体の問題として、戦略とその実行が求められている。

「ガラパゴス国家」を切り拓く

ここで、改めて日本の現状について考えてみたい。

一時期、日本の技術は「ガラパゴス化している」と揶揄された。外の世界から隔離され、独自の進化を遂げたガラパゴス諸島の生態系に喩え、国際競争力を失った状態が批判された。旧態依然とした企業だけでなく、決められない政治、内向き志向の強まる国民、国全体を「ガラパゴス国家」と呼んでもいい。

しかし、「ガラパゴス化」自体が悪いことだと考えると、それはガラパゴス諸島に生息し、絶滅の危機に瀕しているアホウドリやゾウガメたちに失礼な話だ。

島として大陸から地理的に隔絶していることが悪いのではない。まして、ユニークな進化を遂げることが悪いはずもない。問題なのは、外界から隔絶した結果、「生き残る力」が衰退してしまったことにある。まさに、ガラパゴス諸島を研究フィールドとしたダーウィンが「適者生存の法則」として明らかにしたように、「変化に対応する者が生き残る」のだ。自然界であれ、国際社会であれ、この法則は当てはまる。

日本は、日本である限り島国だ。それが問題なのではない。日本が独自の歴史と文化を持ち、独自の発展を遂げてきたことも問題ではなく、むしろ誇るべきことだ。多様な主体がしのぎを削る国際社会においても、「独自であること」がマイナスに作用せず、世界で受け入れられ、日本の競争力にプラスに作用するなら、「一目置かれる」ことになる。しかし、自らの「独自性」を過大評価したり、内に閉じこもることで、世界との協調や競争を忘れ、変化への対応を怠れば、その国家は生存する力を失うことになる。

ところで、中国という国も、「ガラパゴス国家」といえるかもしれない。政府と企業が一体となって世界市場を席巻する「国家資本主義」を展開し、普遍的価値であるはずの「人権」を後回しにして個人情報を集め、それを政府の統治とビジネスの双方に活用している。国際社会の常識から見て、人類の歴史から見て、「独自の生態系」であることは間違いない。しかし、このガラパゴスは巨大であり、その進化の体系もかなり戦略的であるように見える。力強く生き残っていきそうだ。

日本は、資源に乏しい小国だ。中国の持つ「巨大さ」というアドバンテージは持っていない。むしろ、大国である中国と隣接するという地勢が、問題を複雑にしているようにも見える。本家・ガラパゴス諸島にも似た環境に置かれる私たちが、むしろそれを生かしながら、国際社会で生き抜いて行くためにどうするべきか。「生き残るガラパゴス」と「絶滅するガラパゴス」の違いは何か。もちろん、「閉ざされたガラパゴス」ではいけない。日本の独自性や美点を競争力の源泉とし、グローバル競争をしたたかに生き抜いていくこと、世界の潮流に、時にはあえて流され、時には自ら波を起こすことが必要だ。世界に「開かれたガラパゴス」であることが大前提となる。

「開かれたガラパゴス」——言葉で言うのは簡単だが、日本を変えるのはそう容易なことではない。藪に分け入って擦り傷を作る程度のことでは済まない。深く根を張った木々を掘り起こすために、多くの痛みを伴い、血が流れることもあるだろう。岩盤をくり抜くには、長い時間も必要だ。しかし、私たちは経済から日本を再起動させるために、やり遂げなければならない。

私たちの多くは、「団塊ジュニア」世代だ。私たちの世代が、２０００年前後生まれの、いわば「団塊ジュニアジュニア世代」の「人口の山」を作れなかったことが、日本の人口問題を深刻にしている。私たちが高齢者になる２０４０年が、日本の高齢者人口のピークとなる。この時期をどう乗り越えるか、それまでにどう日本経済を立て直すかが死活問題だ。

この先30年は、日本という国にとっての「峠」であり、この時期は、私たちが「現役」世代として責任を持つことができ、かつ、持たなければいけない時期と重なる。道を切り拓き、「峠」を越え、新しい地平を次世代に引き継ぐために、私たちは挑戦を続けなければならない。

そして、人口減少、少子高齢化の向こう側にある新しい地平が開かれたなら、日本の次世代だけでなく、アジアをはじめ、世界中の国々にとって、明るい未来をもたらすはずだ。

ガラパゴス国家を切り拓き、経済から日本を「再起動」させるといっても、バブル期やそれ以前の高度成長期を目指そうというのではない。

「再起動」後は、いままでとは異なる、新しいOSを動かさなければならない。人口減少は、国を挙げて取り組むべき課題だが、これがある程度克服されたとしても、かつてのような人口増加は見込めない。国内市場が自然と拡大する時代は終わったのだ。同時に、欧米をモデルとする「キャッチアップの時代」も終わった。日本は新しい時代に、人口減少期を迎えた成熟国家として、他国のモデルとならなければならない。

日本を経済から「再起動」するために

大きく、かつ急速に変化する世界の中で、いまの日本はすべてが後手に回っている。新技術が雇用の機会を奪うといった懸念を報道で多く見聞きする一方、それらを活用した商品やサービスについて、聞く機会も増えている。しかしその多くは外国企業によって生み出されたものだ。

第四次産業革命や、それによってもたらされる「Society 5.0」――仮想空間と現実空間を高度に融合させた、情報社会（Society 4.0）の次に来る社会――の特徴を示すのは、「つながる（connected）」という言葉だ。ＩｏＴによって、世界中のモノとモノ、ヒトとヒトが「つながる」。製造者と製品、消費者が「つながる」。モノがコトに置き換わることもある。ヒトとヒト、アイディアとアイディアが「つながる」ことによって、新たな価値が生まれる。「つながる」ためには、もちろん「開かれている」ことが前提だ。これからの経済では、「つなげる」ことのできた者が、勝ち残るだろう。

日本は国土が狭く、天然資源の乏しい国だ。その日本が、これまで、国際社会で一定の存在感を示してきたのは、「つなげる」ことが得意であったからではないか。古くは、漢字も仏教も中国大陸から取り入れ、日本固有の文字や信仰と融合させてきた。高度成長を支えた加工貿易も、外国の資源や技術を上手に生かし、付加価値を生み出してきた。また、世界の市場で生き残るため、官と民、民と民とが戦略的に「つながる」ことをしてきたのも、日本の特徴と言えるだろう。

第四次産業革命は日本にとって、強みを発揮できる機会であるはずだ。モノ余りの時代と言われながら、生活者の潜在ニーズをうまく掘り起こしてくれる新たなサービスが興りつつあり、その多くは、ＩｏＴなどの技術を何らかのかたちで活用している。従来にない新たな事業形態が続々誕生する面白い時代である。

そして、われわれが直面するさまざまな社会課題——少子高齢化、労働力不足、東京一極集中と地方の過疎化、環境エネルギー問題等々――に対して解決の糸口を提供してくれそうだ。生産性の向上にも寄与してくれるだろう。

実は日本経済を考える際、避けて通れない問題が生産性の低さだ。バブル崩壊以前、世界3位を誇っていたわが国の一人当たりGDPはいま、25位前後を推移している、先進国（G7）の中では最低レベルだ。これを先進上位国並みに上げることが必要だ。年齢、性別を問わず、多様な人材が、それぞれの個性と能力を発揮し、また協働することが、大前提となる。

＊

日本が経済から「再起動」するために、いま何をしなければならないのか。私たちは、1年間考え続けた。その具体的な提言を書きおろす。

コラム●「六重苦」についての考察

とくに第二次安倍政権以降、「六重苦」の解消に向けた取り組みが加速されたと評価できる部分は多い。しかし一方、原発停止にともなうエネルギーコストの高止まりなど、悩ましい課題も多い。また、トランプ政権の減税や保護主義的な通商政策など、世界各国の動向も予断を許さず、引き続き国として取り組みを強化すべきなのは明らかだ。各項目の状況について簡単にまとめてみた。ご一読いただきたい。

行きすぎた円高（為替）

2011年3月11日に東北地方を襲った東日本大震災は日本経済に大きな打撃を与えた。円高基調はとまらず、同年10月に戦後最高値である1ドル75・32円まで進んだ。こうしたなかで日銀による大規模な金融緩和が功を奏し、足元は110円程度で落ち着いている。為替については市場原理で決定されるものであり、恣意的なコントロールは基本的には不可能であることを前提に、一定の為替変動に耐えうる企業の財務体質、内需・外需のバランスのとれた経済の構築が必要である。また実際に、過去の円高を受けて、輸出超過の企業も為替に影響を受けにくい構造へ変化してきている。

今後とも、為替は企業競争の重要なファクターであることに違いはなく、きちんと注視していく必要がある。為替の急激な変動を抑制するためにも、中央銀行の財務と国家財政の健全性を維持し、円の信認を確保していくことが必要である。

高い法人税率

高い法人税率もかねてより内外から指摘されてきた問題である。

日本の法人税率（国税・地方税を合わせた実効税率）はバブル期に約50％、リーマンショック前には約40％だったものが、第二次安倍政権になってから順次引き下げ努力が行われ、現在は30％を切るところまできた。

ただ、国から国へ法人が容易に移動する状況のなかで、法人税は国際的な「引き下げ競争」の様相を呈しており、トランプ政権の米国は日本を下回る20％台後半を窺い、アジア拠点の立地を日本と争う香港やシンガポールは20％を下回っている。

コンパクトな香港、シンガポールのレベルまで法人税を下げるのはおそらく無理だろう。厳しい財政状況のなかで、選択と集中を進めながら、税制だけでなく、他のビジネス環境でいかに魅力をつくっていくかが問われている。

通商外交の遅れ

通商外交については、輸出マーケットで競合の激しい韓国との比較で、自由貿易協定の遅れが問題視されてきた。

しかしながら日本政府は多くの国・地域との間で自由貿易協定を進めてきており、２００１年以降、16の経済連携協定（ＥＰＡ）を締結済みである。加えて、米国離脱後は日本が議論を主導してＴＰＰ11署名にこぎつけ、さらには、日ＥＵ・ＥＰＡの署名を達成したのは、大きな成果だ。両協定の早期発効、ＴＰＰの加盟国拡大に取り組みたい。

ただし、日本にとって第2位の貿易相手国である米国がＴＰＰから離脱したのは大きな誤算である。

ＴＰＰ11は、米国の復帰を見据えた協定であるが、現トランプ政権下で、ＴＰＰ復帰の政策転換が行われる可能性は低いように見受けられる。日本としてはきわめて難しい舵取りが必要となる。

さらに、日本にとって第1位および第3位の貿易相手国である中国、韓国との自由貿易協定はいまだ存在しない。ＴＰＰ11および日ＥＵ・ＥＰＡの署名がなされたいま、日本との自由貿易協定が存在しない中国、韓国、インドを交渉メンバーに含む東アジア包括的経済連携協定（ＲＣＥＰ）の交渉加速化が必要である。

高い電力料金

エネルギー自給率の低い日本であるが、東日本大震災後、原子力発電所の稼働停止と、再生可能エネルギーの促進のための固定価格買取制度の導入により、電力会社のコストが高騰し、電気料金も上昇した。もとより、エネルギーを考えるにあたっては、「3E」、すなわち、安定供給（Energy Security）、経済効率性（Economic Efficiency）、環境適合性（Environmental Sustainability）のバランスが重要であるが、その大前提となるのが、「S」、安全性（Safety）である。私たちは、福島第一原子力発電所の廃炉作業の現場を見学し、そのことを痛感した。

政府においても、2018年7月に「第5次エネルギー基本計画」が閣議決定され、2030年のエネルギーミックスの目標（火力全体：56％、再生可能エネルギー：22～24％、原子力：20～22％）は維持された。引き続き、「S＋3E」を基本とした政策展開が求められる。

また、SDGsに対する関心の高まりのなかで、脱炭素化は無視できない。まずは再生可能エネルギーの大量導入を支えるため、発電・送配電コスト低減に向けた技術開発や次世代電力ネットワークの早期構築を進めなければならない。世界で進むデジタル化の動きも合わせて、これらの動きを、新たなビジネスチャンスとしてとらえる姿勢が必要だ。

環境規制

環境規制に適合するためにモノやサービスのコストが上昇する局面は否定できないが、2015年のパリ協定の採択と合わせ、SDGsの潮流は世界の新たなルールととらえるべきだろう。そもそも欧米先進国との国際比較によれば、日本は環境規制が厳しすぎるとまでは言えない状況であり、一方で、中国は急激に脱炭素に舵を切っている。

「脱炭素」の動きは世界的な潮流であり、今後、環境後進国も環境に対する意識が向上していくのは間違いない。これをビジネスにつなげようとする動きを先んじるべきである。

雇用規制

雇用規制については、労働基準法や労働者派遣法の改正議論に合わせ、経済界から要望が出されてきた。

とくに日本の労働法制では実質的に解雇困難であり、解雇の金銭解決導入や、派遣法の業種要件緩和などが議論されてきた。

この課題は安倍政権にとっても最重要な政策課題の一つとして、「人生100年時代」、「働き方改革法案」で検討されており、多様な働き方、より自由な転職を認めようとする動きが進んでいる。2018年6月、日本の未来を方向付ける働き方改革法案が成立した。このテーマは今後の日本経済にとっては重要な項目であり、第4章でくわしく論じている。

第1章

デジタライゼーションで、再起動

～データ×ルール×日本の強み～

「データ」と「ルール」を掌中に収めよ

いま、世界で起こっている事象を眺めると、２つのキーワードが浮かび上がる。「データ」と「ルールメイキング」である。グーグルやアマゾンの例を見るまでもなく、膨大なデータを手に入れたものが勝者であり、その力を背景に新たなルールを設定した者に、大きなアドバンテージが与えられる。

データを制する者が世界を制する

２０１８年3月末時点で、ＧＡＦＡ４社の時価総額合計は2兆７７４２億ドル（約２９６・5兆円）、これは東証時価総額合計6兆２６００億ドル（約６６９・１兆円）の約４４％強を占める。第1位はアップルで、その時価総額は８８６5億ドル（約94・7兆円）。トヨタ自動車の２１４８億ドル（約22・９兆円）の４倍を超える数字だ。

これらの企業は、利用者が増えれば増えるほどその利用価値が増大する「ネットワーク効果」を武器に巨大化し、新興の競合ベンチャー企業を次々に買収することで独占的な市場を手に入れた。

しかしその一方で、２０１８年4月に発覚したフェイスブックの顧客情報流出事件を契機として、このような特定の巨大企業によるデータの独占に対する疑問や批判が表出した。データ保護に関するルールの強化、データ収集や利用の適正化など、国家間レベルでのルールメイキングがいまや世界的な要請となっている。

また、巨大ＩＴ企業に対する国際課税の問題も注目されている。２０１８年7月のＧ20財務相・中央銀行総裁会議では、デジタル経済時代の国際法人課税が議論された。グーグルやフェイスブックのような巨大ＩＴ企業は、拠点を持たずにグローバルに展開し、低税率国を使って節税するため、自国民のデータを提供している消費国では税収が上がらない。新たな国際課税ルールは、経済協力開発機構（ＯＥＣＤ）で主に議論されているが、デジタル企業への課税方法や国家間の課税権の調整などは企業の自由に任せようとする米国と政府が積極的に関与しようとする欧州が対立する構図だ。

こうしたなかで、日本は２０１９年にＧ20の議長国を務める。日本のルールメイキング力が試される。

データは次代の新たな富の源泉となる資源

２０２０年にはインターネットに接続される機器は世界で５００億台を超え、取り扱われるデータは40ゼタバイト（ゼタバイト＝テラバイトの10億倍）に達すると言われている。この10

年間で20倍に達する伸びが続いている。

日本国民や企業の膨大なパーソナル情報が、GAFAに代表されるプラットフォーマーの巨大データセンターに日々蓄積されている。彼らは、その虎の子のデータとAIを駆使し、次々に新たなサービスを産み出し、時に既存の業界構造を破壊していく。莫大な利益をあげるのは彼らプラットフォーマーばかりという構図が出来上がりつつある。

一方、中国もこの領域をいち早く戦略分野と定め、データの国外への持ち出しを規制しつつ、BAT（Baidu（百度《バイドウ》）、Alibaba（アリババ）、Tencent（騰訊控股《テンセント》）に代表される新興IT企業が、スマホ決済やシェアリングサービスなどの分野で、先進国を追い越す勢いで社会実装を進めている。稼働する監視カメラの数はすでに億を超え、膨大な量の映像データをもとにAIによる個人認証の精度も飛躍的に高まり、ビルの入退館管理や決済にも活用され始めている。個々人がどこで何をしているかはすべて当局の監視のもとにあり、IT技術を完璧な監視社会構築のツールにしようと励む中国の一断面とも言えるが、犯罪の抑止や治安の維持に貢献している面もある。

こうしたなか、日本は自由貿易の旗手として、世界的なデータローカリゼーション（データを自国内から外へ持ち出しさせない規制）の動きには反対しつつも、何らかの手段でデータの独占に歯止めをかけなければ、貴重な成長の種を奪われることになる。

「データは次代の新たな富の源泉（資源）」という認識のもと、国を挙げて新世代のデータプラットフォームを整備していくことが必要である。

改めて日本の現状を見ると、「世界最先端IT国家創造」宣言（2013年）に引き続き、「官民データ利活用推進基本法（官民データ法）」（2016年）が制定され、国全体でデータ流通を推進し、データが人を豊かにする社会を目指すという方針がようやく示された。2018年に改定された官民データ活用推進基本計画では、行政サービスの100％デジタル化に向け、「デジタルファースト法案（仮称）」を速やかに策定すること、各省庁が保有するデータの原則公開を徹底することなどがうたわれた。

民間企業各社でも、企業間で連携してデータを出し合い、より高い付加価値のサービスへつなげる動きや、データそのものの売買プラットフォームを提供する企業や、パーソナル情報を預かり、個人の指示のもと適切に活用する情報銀行の実証実験が始まるなど、データ活用社会に向けた試行錯誤が遅まきながら始まっている。

製造業に目を転じれば、IoT技術が進み、リアルデータの大量取得が可能になってきているし、自動車産業がモビリティ産業に転換していくなど、データを起爆剤とした「サービス化」がこれから進んでいくだろう。ドイツではインダストリー4・0の名のもとに、製造企業間のデータ取引がいち早く進んでいる。データプラットフォームは日本の生命線となるに違いない。

データは新たな時代の最重要の資源である。あらゆる業種において、ＩｏＴや次世代移動通信規格５Ｇによるリアルデータ取得が爆発的に進むこれからのビジネス環境において、「データ」ならびに「データプラットフォーム」が本格的なビジネスインフラとして各企業のイノベーション力・生産性を大きく向上させることは明らかだ。

２０１７年12月、データ流通事業者間で連携し、運用基準や技術基準を策定する団体として、「データ流通推進協議会」が設立された。各企業の意識も、自社でのデータ抱え込みから、データをお互い融通し合い価値を高め合う協調へと変わっていくべきではないだろうか。

ルールメイキングが国際競争力を左右する

次に、「ルールメイキング」の話である。経済がグローバル化すればするほど、さまざまな文化・宗教・風土を持つ人々が同じ市場のプレイヤーとして参加し、多様化が進む。こうしたなかでは、世界の誰もが一様に認めるルールが重要になる。ＳＤＧｓも世界共通のルールとすべく、２０１５年に生まれた出来たてのルールである。

世界で戦うためには、細部にわたってのルールメイキングの重要性がいっそう高まる。具体的にはＷＴＯに代表される国際取引に関する法から、規格・標準などのソフトロー、さらには文化や言語などを通じた実質的な影響力のような不定型な力まで、幅広く視野に入れる必要があるのだ。

スポーツのルールをイメージすると、わかりやすい。最近、若い日本人アスリートの活躍が目覚ましく、2020年の東京オリンピック・パラリンピックでの活躍に、同じ日本人として大いに期待するところである。しかし、オリンピック・パラリンピックが開催されるたびに、日本選手にとって不利なルール変更が行われるという話がよく話題になる。

たとえば、スキージャンプのスキー板の長さ規制や水泳でのバサロスタートの距離制限が記憶に新しい。こうしたルール変更がどこかの国の主導権でいつの間にか確定し、それが競技の結果に大きく影響するのが実態だ。

こうした問題はスポーツ界に限った話ではなく、ビジネスの世界においても多々生じている。最近では2016年6月、カリフォルニア州の「ZEV（ゼロ・エミッション・ビークル）規制」がある。この規制では、日本が強みを持つハイブリッド車がエコカーから除外された。

もちろん日本の業界団体や企業も、その動向には注視して対応を図っているが、海外では国レベルの政策的な動きがしたたかに展開されている。

私たちはこのルールメイキングの問題を探るために、多摩大学ルール形成戦略研究所の國分俊史所長に話を聞いた。國分所長は、ルールは国益の最大化、企業利益の最大化、地球市民の共通善の実現という3つの目的をもってデザインされるべきだと語る。利己的な思想だけでは普遍的に受け容れられず、あくまでもＳＤＧｓ起点で自国に有利なルールをつくっていくことが重要である。「技術で勝るだけでは勝てない」という冷徹な現実を改めて考えさせられる。

＊

著者メンバー全員に「データ活用」と「ルールメイキング」に関するアンケートを実施してみた。

9割以上がデータの戦略的活用の必要性を実感しており、うち8割以上が人材不足、情報保護ルール不足などを阻害要因として挙げた。また、ルールメイキングについては、7割以上が国際ルールメイキングの必要性を実感しており、その8割以上が、日本は後手に回っているとの印象を持っていた。また、各業界でいま起こっている具体例も数多く挙げられた。個々の企業のみならず、日本全体として対策を検討すべきなのは明らかだった。

挽回の決め手は「Jビューティー」

日本は残念ながら、世界の潮流に追いついていないように見える。「データ」と「ルールメイキング」を巡って世界中で主導権争いが行われているなか、あれもこれもと、総花的な対応を行っていては挽回は難しい。もちろん、諦めるわけにはいかない。ここでは、世界の主導権争いの中に分け入り、挑戦することを可能にする、自分たちの強みを発見することが大切であ

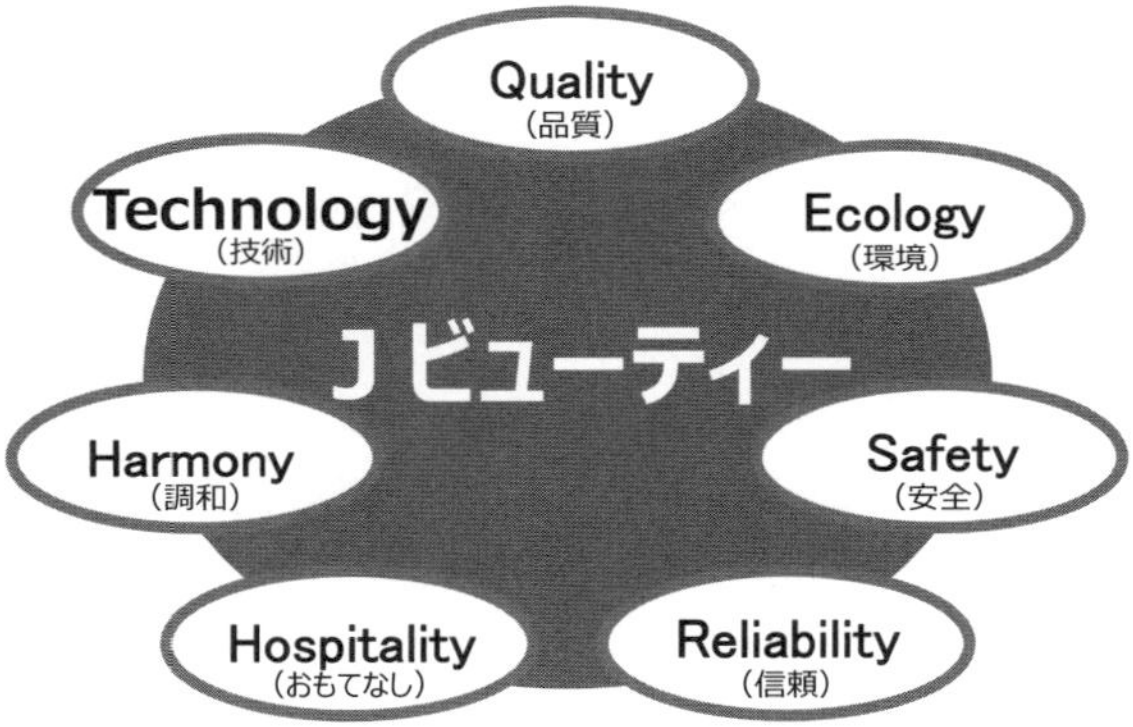

図表２　Jビューティー

ろう。これを生かすことができれば、いまからでも勝負できる。

私たちは日本の強みを総称して「Ｊビューティー」と呼びたい。「Ｊビューティー」とはもともと、コスメティック業界で使われている言葉だ。私たちはこの言葉に、「美」という意味だけでなく、安全・品質・緻密な技術やおもてなしの心に至るまで、日本が有するあらゆる強みを含めている。（図表2）

外国人観光客は、富士山や爆買いのためだけに日本を訪れているのではない。古き良き日本の自然を満喫し、地域の人々と触れ合うために里山観光に訪れる外国人観光客もいる。忍者体験がしたくて忍者屋敷を訪れる観光客もいる。北海道のパウダースノーを求めてタイ人観光客が訪れるのも話題になった。日本の強みを再発見すれば、新しい観光が、新しいビジネスが生まれる可能性がある。訪日外国人観光客数の２０２０

年の目標値は4000万人。この膨大な「データ」を駆使してビジネスチャンスを創出し、これにより観光の新しい「ルール」をつくることは可能なはずだ。

ＪＲ東日本テクノハートＴＥＳＳＥＩという日本の清掃会社がある。

ＪＲ東日本が運行する新幹線の清掃業務を担う子会社で、列車が折り返すまでのわずか7分の停車時間に、車両清掃からトイレ掃除、ゴミ出し、座席カバーの交換、忘れ物のチェックなどを完璧に行う。たまにマスコミにも取り上げられているので、ご存じの方も多いだろう。「きつい・汚い・危険」のいわゆる「3Ｋ」と呼ばれがちな仕事にもかかわらず、従業員のモチベーションの高さや乗客の快適な旅を演出するおもてなしの心が、海外で驚きをもって受け止められ、多くの海外メディアで「奇跡の7分間」と評されている。

落とした財布がそのまま警察へ届けられたり、街が整然と綺麗に維持されていたり、世界では特異なことが、日本では昔から当たり前の価値観として根づいている。先のサッカーワールドカップでは、試合後にスタジアムのごみを片付ける日本人サポーターや、敗戦後にロッカールームをきれいに清掃し、感謝の言葉を残した日本代表チームが世界の注目をあびた。こうした〝日本らしさ〟が、世界中の人々を惹きつけ、インバウンド需要の下支えにもなっていることは間違いない。そこに、大きなチャンスが潜んでいるのかもしれない。

このような日本の現状認識から、私たちは以下にいくつかの提言をまとめた。

提言1　「デジタル政府」をつくろう

デジタルデータはビジネスの「資源」だ。

米国ではGAFAが、世界中の人々からインターネット検索の履歴や購買データを蓄積し、新たなサービスを生み出している。フェイスブック上では、検索したわけでもないのに、自分の趣味にあった広告が表示されるし、アマゾンやグーグルなどが発売したAIスピーカーは、気に入った音楽をかけてくれたりする。また、グーグルアプリでは、保存された写真が写っている家族や友人ごとに自動的に整理される。

中国はアリババや騰訊控股《テンセント》が急成長を続けており、EUは、GDPR（General Data Protection Regulation：一般データ保護規則）などの規制を設けることによりGAFAに対抗し、域内の企業を保護しようとする動きが見られる。

片や日本では、マスコミが「個人情報の保護」を強調するあまりか、「データ」を活用した新たなサービスが生まれにくい。JR東日本がSuicaの履歴を販売したところ、批判を浴びて中止に追い込まれたのが典型的な例だ。それなのに、多くの国民の個人情報がGAFAに流出している。何かがおかしい。

行政手続きの簡素化・効率化のツールとして鳴り物入りで導入されたマイナンバーも、活用状況は低調だ。マイナンバーカードの交付率は、10・7％にすぎない（2018年3月1日現在）。利用拡大に向けた法改正の動きはあるものの、いまは、スマホのアプリをかざして、住民票や税関係の証明書の交付を受けることもできない。

2001年の省庁再編以降、情報通信政策は総務省が、情報産業を含む産業の振興は経済産業省が担っているが、省庁間の所管で争っている場合ではない。

オールジャパンで戦略的なデータ活用を

企業がデータを有効に活用し、ビジネスを変革していくためには、標準化されたデジタルデータを幅広く、数多く収集することが必要だ。しかし企業間の競争領域においては、これが難しい。競合する企業間では、何もなければお互いの顧客の情報を共有するはずはない。企業に顧客の属性や購買履歴といった貴重な情報の共有を促すためには、競争領域と協調領域を分けて、情報を提供することへのインセンティブか、提供しないことへのディスインセンティブを設けることが必要だろう。

企業がデジタルデータをビジネスの資源として活用し、個人も安心してその恩恵を受けるためには、国を挙げての戦略的な取り組みが不可欠だ。

世界に目を転じると、ＥＵではＧＤＰＲの施行により、域外への個人データの移転は原則禁止され、個別の許可を要することとなった。国や地域単位でのデジタルデータの「囲い込み」である。日本企業へも大きな影響が及ぶことが懸念されたが、政府の迅速な対応・交渉により、日本の個人情報保護委員会が定めるガイドラインを満たす日本企業は、個別の許可を経ずに移転が認められる方向となった。これは、世界を舞台にしたデータを巡る攻防戦の一幕であるが、こうした「データのルールメイキング」がこれからいっそう激しさを増すことは避けられない。官民を挙げた日本の提案力・交渉力が求められることになる。

一方、行政機関そのものがどれだけこうした新しい時代に対応できているかというと、こちらもなかなか進んでいない。しかしたとえば、金融機関では、ＲＰＡ（Robotic Process Automation：ロボットによる業務自動化）を活用して人手不足に対応しようとする動きが見られる。銀行の窓口でできることは役所の窓口でも流用できるだろう。こうしてＲＰＡのノウハウを官民が共有することで、新しいビジネスインフラづくりに結びつけることができる。デジタル革命が進展する今日、オールジャパンでの戦いが必須なのである。

「デジタルデータ省」と「データ保護庁」を設置しよう

現在、わが国のＩＴ戦略は内閣官房に置かれた「ＩＴ総合戦略室」がその中心にある。さらに中心には「政府ＣＩＯ」がいる。政府ＣＩＯには民間の有識者が任命されることが慣例で、かたちとしては美しいが、存在感を発揮しているようには見えない。

これからのデジタライゼーションの新しい時代を迎えるにあたり、日本がこの分野を世界で勝てる領域として牽引するのであれば、国の体制も迅速に組み替えて挑戦する気構えが必要なのではないか。

そこで、私たちは「デジタルデータ省」の設置を提言したい。具体的には、いまのＩＴ総合戦略室や総務省、経済産業省等から関連組織を集めた組織にする。

専任の大臣を長とする組織とすることで、権限強化を図り、官民双方に対して主導的な役割を発揮させる。また、積極的に民間の人材を登用することと合わせて、政府内にこの分野にかかわる優秀な専門的人材を確保するために、いまの公務員の処遇体系と異なる体系を準備することも検討すべきだ。こうしたデータのプロ人材の力も借りて、「データのルールメイキング」を巡る国際競争で負けない実力を蓄えていきたい。

新しい組織では、以下のような重点課題を取り扱っていくことを想定している。

①民間におけるデジタルデータ活用のための基盤整備

●業界内での協調領域プラットフォームの創出を支援する。競争関係にある企業同士でも、協調することによるメリットを享受できる業界をターゲットに、データの共有化を促進させていく。業界のデータプラットフォームづくりには、黒子としての行政の介在が欠かせない。

●業界単位・業界横断でのデータ標準化を推進する。データ標準化は、地道だが必ず必要なアクションである。世界の標準も意識しつつ、国が後ろ支えして標準化を世界に先駆けて進めていく。

②公的オープンデータの開放・利活用促進

●日本でも公的データの開放は進みつつあるが、省庁や自治体がバラバラに取り組んでいるという問題がある。これに関してはエストニアの取り組みが参考になる。エストニアはX-roadといわれるデータプラットフォーム基盤を整備し、行政サービスの99％をデジタル化し、世界最先端の電子国家といわれるようになった。日本においても、日本版X-roadの立ち上げを推進し、公的データを流通させやすい基盤をつくっていく。

③電子政府の推進

●行政システムのデジタル化は、現在のＩＴ総合戦略室の大きなミッションであり、引き続き強力に推進していく必要がある。ＲＰＡなど民間で推進されつつある技術を積極的に導入し、非効率といわれる行政システムを短期・低コストで改善していくことも一案である。

大がかりなシステムをつくることだけが解ではない。

●マイナンバーの普及促進・徹底活用を行う。せっかくつくったシステムである。法律の整備を進めて、当初の計画を超えて活用の幅を広げていくことで、真に役に立つマイナンバーへと変えていくべきである。

もう一点、考えておきたいのがデータの保護を所掌・監督する機関についてである。現在、内閣総理大臣の所轄の下、学識経験者を長とする個人情報保護委員会が存在している。データの利活用が促進されるにつれ、問題となるのがパーソナルデータの保護の観点だ。個人が安心して生活できるため、データを取り扱う機関の信頼性は欠かすことができない。

そこで、個人情報委員会を機能拡張して改組し、内閣府の外局として「データ保護庁」として設立することを合わせて提言したい。行政機関としての位置づけは、金融庁の横に並ぶイメージである。この領域の専門人材をしっかりと育成し、担当大臣を置いて政府内での交渉力を高めて、データ活用社会のインフラを安心して守る門番の役割を担ってもらう。単なる規制組織ではなく、データ流通を流通させる組織やシステムをしっかりとチェック・指導し、データ取り扱いのランク付けやお墨付きを与えることが大事な役割である。

「デジタルデータ省」と「データ保護庁」を中心とする新しい「デジタル政府」が日本のデジタル革命を牽引するに違いない。

提言2　キャッシュレス社会がビッグデータ社会をつくる

「コンビニで現金で払っている人が多くて長く待たされた」

「そういう自分も財布にある小銭は早く使いたいのであえて現金で支払うことがある」

「おつりで1円玉や5円玉をもらうとちょっと面倒だなと思う」……

どれも現金にまつわる〝あるある〟ネタだ。

日本でも、クレジットカードや非接触型ＩＣ型電子マネーを中心にキャッシュレス化は進展しつつあるが、他国と比べるとそのスピードはとても遅い。なぜ日本でキャッシュレス化が進まないのだろうか。

その理由として現金の入手が簡単であることや、現金の持ち運びが安全であることが挙げられる。しかしその一方で、日本においてもすでに、キャッシュレス決済を前提とするサービスが拡大しており、キャッシュレス化は急務の課題といわれている。

キャッシュレス化を急ぐ理由

キャッシュレス化を急がなければならない主要な理由は、３つある。一つ目は、それ自体がデータ利活用の基盤そのものをつくるからだ。

店員のいない“カラオケボックス”、決済はQRコードのみ（2018/7/4中国北京にて撮影）

現金投入口はガムテープで塞がれ、決済はQRコードのみの自動販売機（2018/7/7中国広州にて撮影）

写真1　広がるキャッシュレス決済

中国に目を向けるとそれがわかる。中国はそもそも偽造紙幣が横行するなど現金の信用が著しく低く、広大な国土が決済インフラ整備の足枷になっていた。そうした追い風があり、ここ数年でキャッシュレス化が爆発的スピードで進んだ。

しかし、スマホの普及と相俟って、アリババ（同社が提供する電子決済サービス・アリペイの利用者は約5億人）や騰訊控股《テンセント》（同社が提供する電子決済サービス・ウィーチャットペイの利用者は約8億人）が提供するQRコード決済が一気に浸透した。ちなみにQRコードは、日本の自動車部品メーカー・デンソーが開発した二次元コードである。

スマホを通じた「決済革命」はリープフロッグとなり、デジタル決済が簡易な本人確認の機能と合わせて、ライドシェアやシェアリングバイクなどのシェアリングサービスの普及を後押しし、あらゆる生活シーンにおいてデジタルエコノミーの進展を牽引したのだ（**写真1**）。

電子化された決済データは、取引、購買、属性、行動、金融等の他のデータと紐付けられ、新たな商品やサービスを生む源泉となり、既存のビジネス秩序を破壊することさえある。キャッシュレス決済への移行は、決済そのものを便利にするだけでなく、有用なビッグデータを生む。日本もデータ利活用促進のために、データ収集のできない現金決済から転換しなければならない。

二つ目の理由は、現金利用にともなう社会コストの低減ができることだ。

野村総合研究所の試算では直接コストは年間約1兆円、みずほフィナンシャルグループの試算でも、間接コストを含め約8兆円のコストがかかっている。約100兆円の現金インフラ維持のために約8兆円ものコストをかけている計算となる。最近、メガバンクで人員削減や店舗の統廃合の報道などもあるが、銀行の体力がなくなってくると、全国津々浦々に張り巡らされた支店やATMといった、現金決済の優位性を支えている既存のインフラも維持できなくなる可能性がある。

そして三つ目の理由は、インバウンド消費の獲得だ。

政府は、観光客数を2020年には4000万人、2030年には6000万人とする目標を掲げている。2020年に東京オリンピック・パラリンピックを迎えるまでに、観光地を中心に訪日外国人がストレスフリーで日本を満喫できる環境を整えなければならない。

キャッシュレス化を加速する方法

日本にもキャッシュレス決済導入の成功例がある。高速道路のETC（Electronic Toll Collection System）導入だ。最近では、ETCの利用率は90％を超えている。普及の要因としては、ETC決済よりも現金決済が不利となるよう仕組んだ点が挙げられる。

そこで「現金決済時における消費税込金額の1円単位切上げ」をするのはどうか。

具体的には、キャッシュレス決済では1円単位までの価格を残しつつ、現金決済の場合には10円単位までにするというものだ。現金決済だと高くつくとなればキャッシュレス決済の動機となるし、1枚約3円かけて1円玉、1枚約7円かけて5円玉を製造する必要がなくなる。

「紙幣・硬貨の種類削減」も提言したい。

仮に、一万円札や五千円札をなくすと、財布の中は自然と千円札が多くなる。また、五百円玉や五十円玉をなくすと、同様に百円玉や十円玉が多くなる。そうなると自然と財布がかさ張って、現金を持ち歩きたくなくなるはずだ。

また、ただ単に販売店にカード決済対応の端末配置を義務付けても、実際に利用されなければキャッシュレス化は進展しない。

そこで「キャッシュレス決済に対する大胆な減税導入」を提言したい。

２０１９年10月には消費税率が10％へ引き上げられる予定だが、一つのアイディアとして、消費税率引き上げ後においても、キャッシュレス決済なら消費税率を８％とする（期間３年の時限措置）というのはどうだろう。キャッシュレス決済のうちＱＲコード決済については、より大胆な優遇税率を適用してもいい。ＱＲコード決済は、導入コストが小さく零細企業でも導入が容易なため、政策効果を浸透させやすいからだ。消費税率優遇による実施が困難な場合には、キャッシュレス決済額の一定額だけ所得控除を認めるということでもいい。この方法は、韓国ではクレジットカード決済で導入された例がある。いずれにしても消費者がキャッシュレス決済の利便性を実感し、一旦キャッシュレス決済に慣れてしまえば、税制優遇のメリットがなくなったとしても決済方法として定着するだろう。これらの税制優遇策は、消費刺激に一定の効果も期待できる。

一方、スマホを買えない、あるいはスマホの操作ができないといった高齢者や子どもについては、たとえば、電子マネーによる決済について同様とするなどの配慮は必要となろう。

国民の理解を得ながら、国際的に見て遅れている日本のキャッシュレス化を一気に進展させるためには、キャッシュレス決済に対するインセンティブ（アメ）と現金決済に対するディスインセンティブ（ムチ）とを合わせて実施することが有効だ。

キャッシュレス決済への移行によって有用なビッグデータを生む基盤が整備され、日本でも国民一人ひとりの多様なニーズに応える新しい商品やサービスが提供される。こういった未来社会をデザインするため、キャッシュレス化を進めなければならない。

提言3　ルールデザイン力を高めよう

文化の違いでは済まされない

スポーツの世界だけでなく、国際社会や企業間競争のあらゆる分野において、ルールはつくる側が当然、有利となる。つくる側に特別な意図がなくても特定の国や企業がきわめて不利になることもある。

日本にとっては「ルールをデザインする力」を高めることが、国際競争を勝ち抜き、国際社会の一員として存在感を維持するために必要不可欠だ。

28カ国からなるEUは運営を円滑にするためにさまざまなルールを制定しており、「規制のスーパーパワー」と呼ばれるほどルールメイキングに長けている。米国ですらEU発のルールをコピーして採用する例は少なくない。つまるところ欧州と米国が設定したルールとなると、それ以外の国も従うことになり、結果的にそれが世界標準となる。また、SDGs視点でのルールメイキングにも注意が必要だ。今後、ルールメイキングの重要性はさらに増すだろう。

そんななか、日本の実情はどうか。

近年ようやくルールメイキングへの意識は高まりつつあるが、十分と言えるものではない。日本人は一般的に、ルール遵守の意識が高いが、ルールは対応するものという受け身の姿勢が強い傾向にある。ルールとは「お上」がつくるもの、下々はそれを守らなければならないと考えがちだ。

一方、欧米はルールを自分の都合でつくる、変える。またすべてが守られるわけでなく「達成目標」と受け止められることもある。日本では後ろ向きのイメージがあるロビー活動も欧米では日常的に正当に行われており、ロビー活動に関するルールも整備されているほどだ。

これは思想、文化の違いといって済まされる話ではない。日本もルールに対する受け身の姿勢から脱却し、「ルールはより良い課題解決のための手段であり、将来の社会の姿を描きながら『デザイン』するもの」という視点で、攻めの戦略を構想していかなければならない。

ある。

数少ない日本企業連携の成功例

在欧州日系ビジネス協議会（Japan Busincss Council in Europe：ＪＢＣＥ）という組織がある。

ＪＢＣＥは日本とＥＵの架け橋となること、ＥＵの政策形成に貢献することを使命に１９９９年に設立され、ベルギーのブリュッセルに拠点を置く。80社を超える日系企業が会員として参加し、業種横断的に在欧日系企業を代表して活動している。

情報収集、分析やＥＵ政策に関する見解の策定・表明をして、ＥＵ政策当局へ働きかけ、成果を挙げている。また、業種横断的な政策テーマにおいてロビー活動も実施している。

ＪＢＣＥの活動が成果を挙げた例を一つ紹介しよう。

ＥＵはＲｏＨＳ（特定有害物質使用制限）で電気・電子製品に鉛、水銀などの6物質を使用することを原則禁止しているが、２０１６年にデンマークがＳＢＡＡ（臭素系アルキルアルコール）を追加することを検討しはじめた。ＳＢＡＡは実際には電気・電子機器には使用されていないが、ＲｏＨＳに指定されると検査、証明書や手続きで大きな労力を要してしまう。そこでＪＢＣＥは測定データなどをもとに意見書を提出し、デンマーク政府と交渉、結果的にＳＢＡＡの追加の取り下げを勝ち取ったのだ。

この事例の大きな意味は、初期段階（欧州委員会への提案前）に阻止できた点にもある。こ

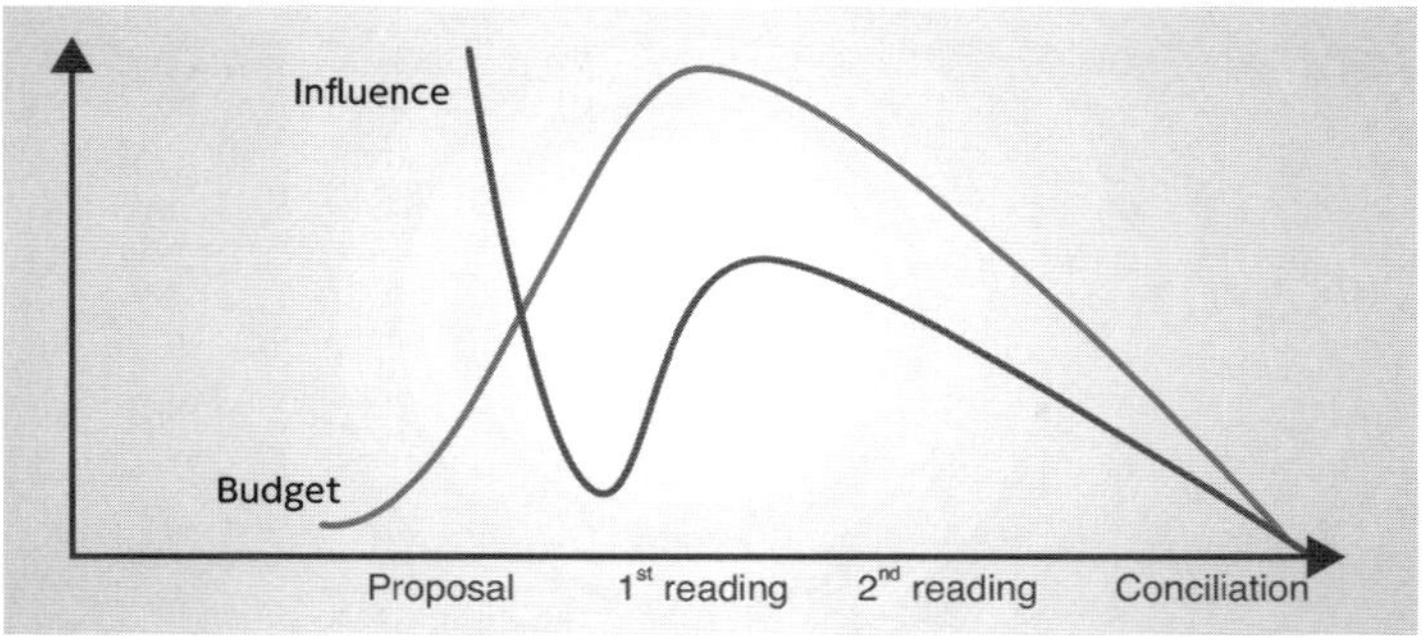

（出所）Daniel　Guéguen 著、“European Lobbying” 第２版（EUROPOLITICS、2007年出版）

図表３　規制やルール導入時の費用対効果

のような規制やルールは、一旦法案が提出されたり、効力を持ってしまうと、阻止や変更により多くのコストが必要になる（図表３）。常に高いアンテナを張り、できるだけ早い段階で関与し意見することが成功の秘訣だ。

これは日本企業にとって不利になり得る規制の導入を未然に防いだ事例だが、さらに進んで、日本企業にとって有利な規制やルールを「つくらせる」という発想も持ちたい。どの国のどの企業とタッグを組み得るのか。どの組織・個人に、どのタイミングで働きかけるのが効果的か。政府や各企業が有する情報を集約し、日本全体として取り組むことが重要になってくる。

ＥＵ域以外でこのような活動をしている日系の団体は見当たらない。ＪＢＣＥは実際の案件を扱う民間企業が主体となって形成され、経済産業省も参画してサポートする官民の連携がなされている。

また現地の職員には、各業界やルールメイクに長けた外国人材を積極登用している。これらの点がＪＢＣＥが有効に機能している要因と考えられる。

企業が連携する「ルールデザイン協議会」の設立を

そこで、私たちは、日本でよりルールメイキングを一般的にし、企業が取り組みやすい環境の提供を目的とした「ルールデザイン協議会」の設立を提言したい。

この「ルールデザイン協議会」（以下「協議会」）は、現地化して実務をこなすＪＢＣＥや各国の日本企業の後方支援的な役割を持ち、ルールメイキングに関する体制整備、強化、スピードアップを目的に民間企業が主体となって設立する。

ここで協議会の具体的役割を考えてみたい。

まず一つ目の役割は、人材の確保である。

私たちの中にも、ルールメイキングの必要性を理解しながらも後手になっていると感じているメンバーは多いが、その第一の理由は人材の不足である。協議会は、ＪＢＣＥ同様に外国人人材の積極活用に加え、日本の官僚、国会議員や議員政策秘書などの経験者、ロビイストやシンクタンカーなどルールメイクのエキスパートを登用する。

また、人材派遣的な機能を発揮して企業、団体を支援し、場合によっては省庁の政策作成にも参画する。現在の日本にはない役割であるため、このような人材の雇用、育成の安定にも貢献するであろう。

二つ目の役割は、横断的なネットワーク機能である。

現在も各企業や団体、省庁がそれぞれ個別に情報取集にあたっているが、協議会の横断的ネットワークを駆使することで、より早期に意味ある情報を入手することができる。

そして、最大の狙いはそれぞれのネットワークを有機的に結びつけられる点だ。

協議会の人材のネットワーク、各企業のネットワーク、団体や省庁、政治家のネットトーク、これらが相互補完しあって、より高度な情報を獲得する。企業側から協議会へ調査のオファー、またその逆や省庁との情報交換など、常にコミュニケーションが行える環境を提供する。

日本企業会や日本商工会と日本大使館が連携して現地のキーパソンにアプローチしている国もあるが、それができていない国においては、協議会がハブとなり、そのネットワーク機能を拡大、強化することも大きな役割となる。

三つ目の役割は、日本企業の海外活動の影響力最大化である。

多摩大学ルール形成戦略研究所の福田峰之客員教授は、日本企業が持つ海外拠点の影響力は企業が認識している以上に大きいと指摘している。雇用・納税など日本企業の海外現地での貢献は、関係する政治家やキーパーソンには無視できないものであるにもかかわらず、その影響力を日本企業が生かしきれているかは甚だ疑問だ。

逆に言えば、欧米企業はこの仕組みを理解し、現地の議員やキーパーソンに働きかけ、その影響力をうまく活用しているのだ。

協議会は人材とネットワーク機能を生かして、日本企業の貢献度とその地域で影響力をもつ政治家やキーパーソンは誰かを明確にする。現地でのアプローチに日本の省庁や政治家の力が必要であれば、協議会が橋渡しをする。ここでも協議会はハブとなり、日本企業の影響力を最大化すべき役割を担う。

次世代リーダーの「ルールデザイン・シンキング」を引きだそう

四つ目の役割は、ルールメイキング人材の育成である。

ルールメイキングを担う人材については、従来、具体的な交渉場面で力を発揮するエンジニアを中心とする専門家育成のための施策が採られてきたが、近年は、経営戦略の一部としてルールメイキングを推進できる人材の必要性が高まっている。

協議会が確保・活用する人材やネットワークは、ルールメイキング対応の即戦力としてのみならず、次世代を創る人材育成のためのリソースとしても有効だ。

さらに、これらの人的リソースを活用した戦略的な教育プログラムを設け、海外の経営学テキストの翻訳を受け身で学ぶのではなく、日本の成功例や失敗例を基に、日本の強みを生かすルールをデザインし、実現する力を育むカリキュラムを編成・実施していくことが有効である。

企業が真に成長させたい人材は、業務上も責任ある立場にあり教育機関に通わせる余裕がないことも多い。しかしながら、リーダー育成には職場でも家庭でもない「第三の場所」で、自らの強みや課題を認識し新しい刺激を受けながら成長していく経験が必要である。

立場にとらわれずアイディアを出し合い、責任ある仕事をしながらオンタイムで成長できるプログラムとし、変化する社会の中で成長し続けることができる人材を育成する。

提言4　有望分野をデザインしよう①「農業・日本食」

「Jビューティー」を生かしつつ、「データ」「ルールメイキング」を梃子に日本がこれから勝負できる有望な分野として、私たちは、「農業・日本食」、「医療・ヘルスケア」、「インフラ(社会資本)」の3つに着目した。

この3つの分野に着目した理由は、次の共通項があるからだ。

●世界的に市場規模の拡大が予想されること(人口増加、所得増加、都市化)

●従来「官」による規制、保護が行われていた分野であり、相対的に生産性が低いこと
●すでに国内・海外で基盤構築に向けた動きが見られ、緊急性が高いこと
それぞれの分野における私たちの提言を紹介したい。

農業・日本食が日本の経済成長をリードする

世界の食市場の規模は、2020年に6兆ドルに達し、とくにアジア地域全体では2兆ドルに及ぶと予想されている。

そんななか、海外では日本食がブームだ。外務省の調べによると2006年に約2万4000店だった日本食レストランは、2013年に約5万5000店に、2017年には約11万8000店にまで増加している。また日本食は、2020年の東京オリンピック・パラリンピックを契機に、よりいっそう世界から注目されることになろう。訪日外国人も年々増加しており、今年には3000万人を超える勢いだ。

一方、日本の農業の現状を見ると、従事者の減少と高齢化、耕作放棄地の拡大など、何も対策を打たなければ、このまま衰退の一途をたどるのみだ。よってこれからの農業は、国内市場から海外市場に目を向けて、海外での日本食ブームをチャンスととらえ、日本の農産物や日本食の輸出拡大を図ることで、日本経済をリードする成長産業とすべきである。

そのためのヒントを、私たちは国家戦略特区である兵庫県養父市と新潟県新潟市で見つけた。養父市は、農業生産法人の要件緩和や企業による農地取得、高齢者の就業時間拡大などの新しい改革に取り組んだ。その結果、中山間農業という厳しい環境の中で、多くの企業誘致を成功させている。

また、新潟市ではさまざまなアグリプロジェクトを展開し、多くの企業が新潟市をフィールドとして、ＩＣＴ活用やドローン実証など革新的な農業の実践を開始している。

２つの特区に共通していることは、市長や市の職員が熱意を持って先頭に立ち、革新的な農業にチャレンジしていることだ。さまざまな障壁や困難を乗り越えようとする強い思いが、企業や住民の賛同を得ている。

日本の農業はＡＩ、ＩｏＴを活用したスマート農業による生産性向上の余地が大きく、国際競争力を大幅に強化できる。そうなれば安全、品質、健康など、日本の強みが付加価値となり、拡大する世界の食市場で日本は大いに存在感を示すことができるはずだ。

また、生産から加工・流通・消費までの付加価値をつなげるグローバルフードバリューチェーン（ＧＦＶＣ）の構築に日本は積極的に取り組むべきだ。これにより途上国の社会的課題の解決にも貢献できるはずである。

スマート農業の早期実現とデータ連携基盤登録の義務化

スマート農業とは、ＡＩ、ＩｏＴ、ロボット、センサーなど先端技術を活用し、省力化や大規模化、生産性向上により「儲かる農業」の実現を目指すものだ。

そして、スマート農業に欠かせない要素は「データ」である。

農業生産に関するさまざまなデータを一元管理できるプラットフォーム基盤を構築し、農業の生産性向上のためにデータを徹底的に活用する必要がある。

現在、国内ではすでに農業データ連携基盤が立ち上がっている。代表的なものは農業データ連携基盤協議会（通称：ＷＡＧＲＩ協議会）が運営するプラットフォーム（図表４）がある。パブリックデータである気象データや土地データと、農機メーカー、ＩＴベンダー、農業従事者のプライベートデータを連携させている。さまざまなデータを統合・分析することで、戦略的な経営判断サポートを可能にしている。農業への新規参入法人は増えており、データ連携基盤に参加する法人が増えれば、プラットフォームとして大きな効果が期待できる。

そこで、日本のスマート農業を一気に進めるため、生産者、スマート農業を推進する大規模農業法人には、農業データプラットフォーム基盤への登録を義務化することを提言する。登録義務化と引き換えに、助成金の交付や設備の即時償却など税制優遇メリットを付与する。

農産物にはブランド米やフルーツなどにみられるように産地間競争が存在し、それぞれの産

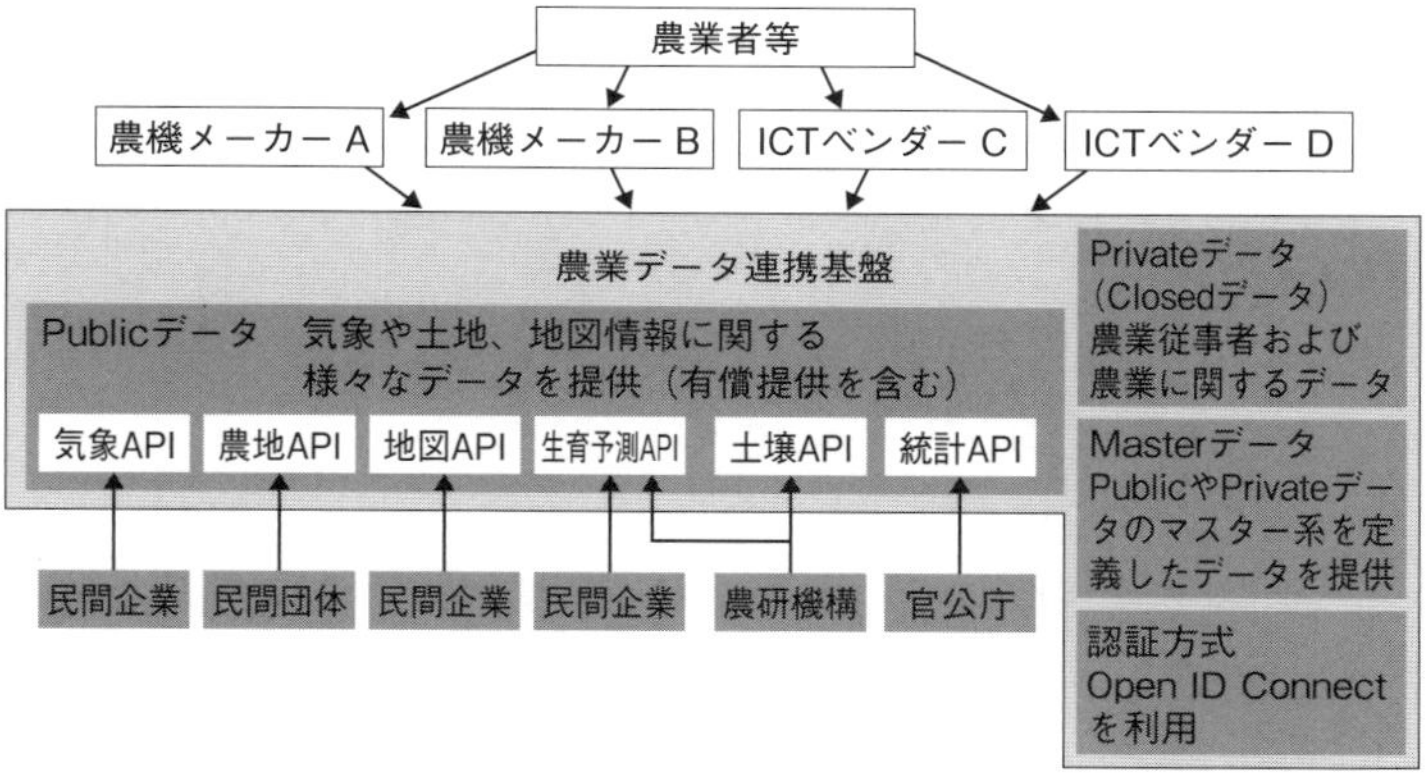

（出所）農業データ連携基盤協議会資料

図表４　農業データ連携基盤のイメージ図

地で付加価値を創出している。産地間競争により、質の高い産品が生まれている面もあるが、巨大な海外市場を取り込むためには、これらの競争領域を維持しつつも、協調領域におけるデータ化を進め、グローバル展開を視野に入れたスマート農業を実現し、生産性を向上しなければならない。

また、各種データ収集により、さまざまな生産工程や熟練篤農家の暗黙知を可視化することもできる。そうなれば、新規参入者であっても、篤農家のノウハウを活用できる結果、早期に成果を出すことができ、海外という新たな市場にチャレンジすることも可能になる。

Jビューティー・アグリ財団設立と国際認証制度を

日本の農業は、「グローバルＧＡＰ認証（農業生産工程管理（ＧＡＰ）の国際的基準）」への対応が遅れている。

食材食品においても、食品製造に関する国際的な衛生管理方式「HACCP」、国際的な食品規格「CODEX（正式にはコーデックス・アリメンタリウス）」など、総合的かつ横断的に、食に関連したグローバル基準に対処しなければならない。さらに、グローバル基準に対処するだけではなく、グローバル基準そのものを日本に有利なものとなるようルールをデザインすることが求められる。

もっといえば欧州、アジア地域、とりわけ日本食市場が拡大する中国に注力し、将来の日本食市場の輸出に向け、グローバル基準やターゲットとする国の規格・基準を日本食輸出に障害のないものに変えていかねばならない。

「食」は国や地域によって特徴があり、時代とともに変化するものである。たとえば、ベトナム料理は植民地時代に、現地の料理とフランス料理が融合することで洗練されたと言われているが、海外の大都市では怪しげな日本「風」レストランを目にすることも多い。このようなレストランでは残念ながら、洗練とはほど遠い「日本の食材」や「料理技術」にお目にかかることになる。

多様性を認めながらも、日本食の品位を高め、ブランド価値の維持・向上に努めなければならない。正当な日本食の裾野を広げることが必要だ。

そこで、「Ｊビューティー・アグリ財団（以下「ＪＢＡ」）」の設立を提言したい。ＪＢＡの主な役割は、「Ｊビューティー」ブランドの普及活動だ。海外の日本食マーケティング、具体的な輸出市場を開拓するとともに、輸出につなげる国内農業起業家の技術支援、経営支援も行う。

また、途上国への安全な食の提供、スマート農業技術のパッケージ輸出などの応用も守備範囲とする。これは将来の日本文化の発展にも寄与するものだ。

また、ＪＢＡ主導で、ＪＥＴＲＯや外務省などの協力のもと、「和食ホスピタリティ国際認証」制度を創設し、正当な日本食を提供しているレストランに５段階の星を付与することも考えたい。日本産農産物の食材利用率、質の高い日本食の提供から店内の雰囲気まで、日本文化・風習を取り入れているか、おもてなしサービス提供ができているかなどを審査基準とする。

日本は「コールドチェーン」に代表されるように、鮮度を保ちながら農産物、食品を輸送できる技術を持っている。これらを内包したＧＦＶＣ構築も輸出拡大のカギを握ると考える。

スマート農業実現と国際的なルールメイキング力を武器として、日本産の農産物と食品輸出を拡大させる。日本の経済再起動の重要なスイッチになるのは間違いない。

提言5　有望分野をデザインしよう②「医療・ヘルスケア」

医療データ活用の後進国ニッポン

私たちが2つ目に注目した有望分野が医療・ヘルスケア業界だ。

２０２０年に世界全体で3兆ドルの規模に達すると予想される、医療・ヘルスケア市場について考えてみる。

生涯にわたる病歴・診療記録や、センサーが取得する日々の健康データ、さらには個人の遺伝子情報まで、さまざまな情報を活用した高度な医療・ヘルスケアサービスが新たに生まれつつある。各国が競い合うように取り組み、多数のヘルステック企業（先端技術で医療・ヘルスケアの新しいサービスや製品を提供する企業）が生まれつつあるなか、日本の現状を振り返ると、きわめてお寒い状況だ。

２００9年の成長戦略で医療のＩＴ化を重点分野として、その変革にと国を挙げて取り組んだはずだったが、先行する国々からはすでに周回遅れ。いまだ電子カルテ導入率が3割程度に留まるのは象徴的だ。

ちなみに、世界に誇るといわれている国民皆保険のアウトプットとして、膨大なレセプトデータが集積されているのに、残念ながら介護や健康診断の情報とはリンクしていない。所管の組織が異なり、データがバラバラに存在したままなのだ。

一方、米国は、オバマ政権下でヘルスケアIT基盤に、なんと190億ドル以上もの予算をかけて、現在のヘルスケア産業発展の基礎を築いてきた。

日本はこの状況をどうやって打破するのか。

佐渡からはじまる新しい地域医療のかたち

医療・介護を取り巻く現状を見ると、人口減が続く地方における地域医療は驚くべき状況になっている。高齢人口の急増と医療の担い手の減少により、崩壊の危機にあると言ってもいい。

私たちは佐渡総合病院の佐藤賢治病院長にその厳しい現状を伺った。

佐渡では、病院職員を含めた人口減少・高齢化で、地域中核病院の佐渡総合病院でさえ10年先までの存続が危ういという危機的状況にある。そこで佐渡総合病院を中心にすべての医療機関・診療所と介護施設が、一つのプラットフォームのもとに情報のやり取りを行うシステムを自主開発・導入した（図表5）。

同システムは、どの機関でも患者個人の過去の診療記録や診断結果を参照したうえで、医療・介護サービスが提供できる優れたもので、全国的に注目を集めている。医療と介護、業界

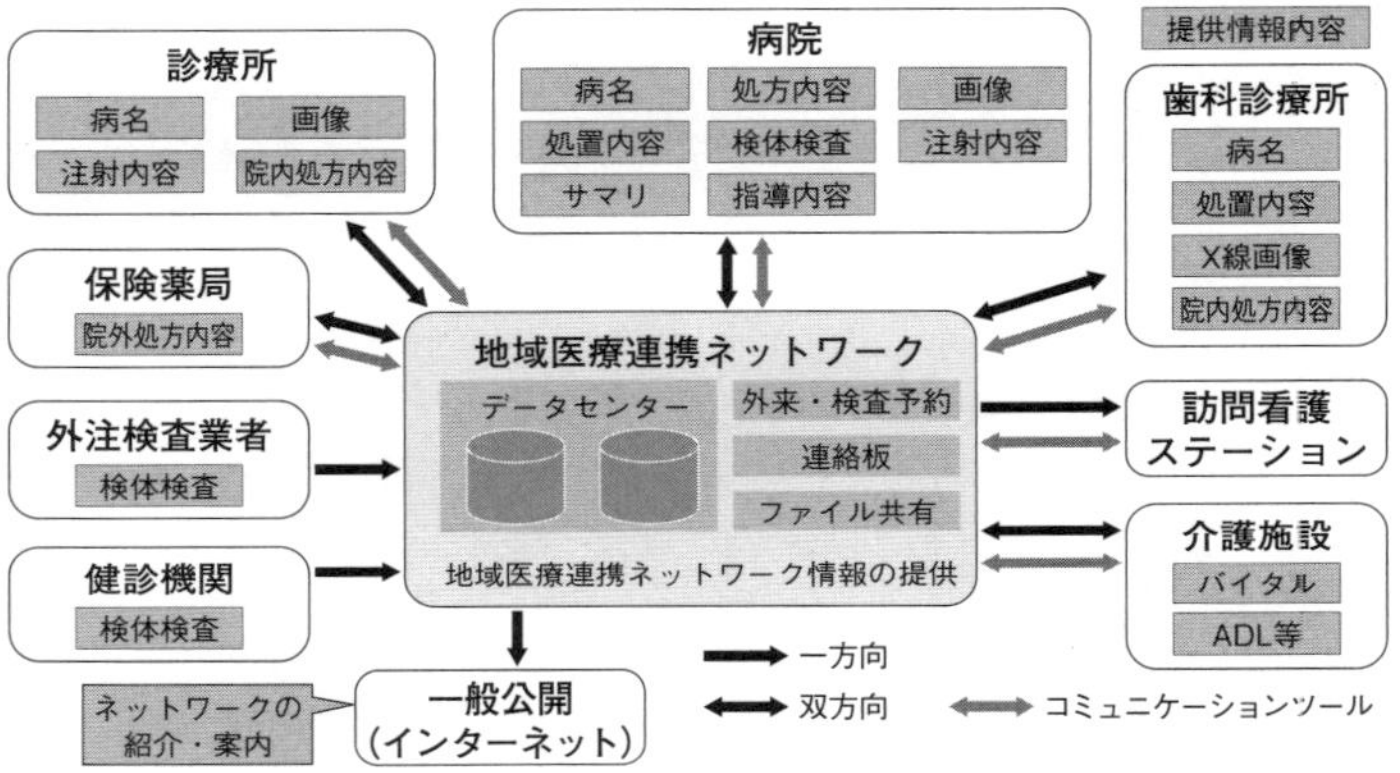

（出所）佐渡地域医療連携推進協議会

図表５　さどひまわりネット

を超えた情報流通は日本ではあまり例がないのだ。

佐渡では、地域住民に寄り添うサービスを維持するために、情報の壁をとことん取り除こうという営みが行われた。佐渡が成功を収めた理由の一つは、地域医療を持続させるためにはこれしかないという佐藤病院長の強い信念であり、もう一つは、医師、看護師、薬剤師、介護施設、ケアマネージャーらが「協働」するには何が必要かということを考え抜き、システムをつくったことである。医療・介護の従事者を有機的につなげることで、地域を支える連携プレーが可能となり、結果として崩壊の淵にあった佐渡の医療をぎりぎりで維持する希望が見えてきた。

過去の診療履歴や健康診断などの個人データ（「ライフコースデータ」と呼ばれる）が、地域を超えてこうしたプラットフォームに集積されることで、将来的にはこれらを活用した高度な医療やヘルスケアビジネスが広がることも期待できる。

具体的には、患者の個人特性・状況に応じた治療・投薬のサポートシステムや健康リスクを判定し健康習慣をレコメンドするサービス、遠隔地にいる複数の専門医からセカンドオピニオンを簡単に取得できるサービスなどである。

こうした医療・ヘルスケアサービスの高度化は私たちの健康寿命の延伸に寄与し、2020年に47兆円に迫るといわれる金食い虫の医療費を大きく削減できる可能性を秘めている。医療費は安易に削れるものではないが、健康で医者の世話にならずに済み、医療費が減るのであればそれに越したことはない。

こうした試みは、アジアの途上国やこれから超高齢社会を迎える国々に対して、高齢社会のトップランナーである日本が、日本型モデルとして展開するチャンスでもある。日本の先進性・ホスピタリティ・信頼性にあふれた魅力的なヘルスケアの仕組み、まさにJビューティーとして世界に訴求するコンテンツなのだ。

いまこそeヘルスケアプラットフォームの実現を

まず第一に進めるべきは、医療カルテデータを全国レベルで共有・活用できる仕掛けづくりだ。

そのためには、投資負担が生じる医療機関に対する強力なインセンティブが必要となる。①全国医療情報ネットワークへの接続を法律で義務化する、②カルテ情報共有を診療報酬の追加点数にカウントする、③システム導入負担に対し期間限定で補助金を付与する、これらの強い追い風により、欧米先進国並みの普及率を短期間で実現することを提言したい。

導入コストを低減するための標準化、パッケージ化、クラウド化も欠かせない要素だ。非効率なハコモノ投資にならない知恵はしっかり働かせる必要がある。

また、介護施設などが保有するデータについても同様のインセンティブを導入し、医療情報ネットワークと接続させる。こうして、いまは散在しているさまざまな健康にかかわる情報を結びつけ、新たな「eヘルスケアプラットフォーム」を実現する。ここで蓄積された個人単位の健康にかかわるデータを活用することで、新たなヘルスケアサービスが広がっていく。

このプラットフォームには個々人が自身の個人情報をサービス事業者に簡単に受け渡しできる機能を盛り込むが、ここでカギとなるのが個人情報の扱いについてである。

日本人はこうした個人情報の取り扱いに関して、きわめてセンシティブだ。そこで、私たちが安心してデータを預けられるよう、それら事業者が信頼できる相手なのか「見える化」する仕掛けをここに付与したい。

先ほど提案した「データ保護庁」が、事業者の評価・格付けという信頼のお墨付きを与えることで、利用者の不安解消に寄与することができる。一方では、自身がデータ提供することで得られる直接の便益だけでなく、医療提供体制の確保という社会課題解決にも貢献することを訴える。データ活用社会に向けて日本人のマインドが徐々に変わっていくことを期待したい。

先ほど、エストニアのX-roadの事例を紹介したが（43ページ）、ｅヘルスケアプラットフォームの展開を考える際にこの事例が参考になる。エストニアではシステムの先進性もさることながら、産官学医の力を結集した財団を強力な推進母体にして着実に展開を進めている。日本においても同様な取り組みはきっと必要であろう。オールジャパンのコンソーシアムを立ち上げ、国家的プロジェクトとして集中投資を行うことで、このプラットフォームを世界に誇れる社会基盤として整備したい。

利用がいま一つ進んでいないマイナンバーカードも、個人健康データの保存と健康保険証としての機能をもたせることで、日本独自のモデルとして発展させることも考えられる。マイナンバーカードに自身のライフコースデータが蓄積される。セキュリティの確保はもちろん必要だが、使い方は知恵の出し方次第である。

医療・ヘルスケア分野はまだまだ経済成長へのポテンシャルが高い。この領域をさらに成長産業化する仕掛けについては、第５章でくわしく示したい。

提言6　有望分野をデザインしよう③「インフラ輸出力」

２０１７年2月、アジア開発銀行は、アジア太平洋地域の開発途上国において、２０３０年までに26兆ドル、年間1兆７０００億ドルを超えるインフラ需要が存在するとの予測を発表した。アジア太平洋地域ほどではないにせよ、アフリカや中南米にも大きな需要が存在する。

世界のインフラ需要を我がものに

インフラ整備に際しては、地質データや降雨量を掛け合わせた災害リスク分析を精緻に行うなど、施工後のリスクやメンテナンスまで十分考慮されなければならない。それは人命にもかかわるインフラ投資にはおいて必要なプロセスだ。日本は災害の多い国土であり、もともとインフラの安全・品質に関する国民の意識は高く、インフラ需要獲得には大きなアドバンテージになるはずだ。

また日本は、高度成長期に一気に整備した発電所、新幹線、高速道路等のインフラが老朽化しつつあるなかで、ＩＴやＡＩを活用した老朽化対策の技術が進展している。伝統的なモノづくりの技術に加え、世界に秀でたセンサー技術があり、操業・設備管理に関するきめ細やかで精緻なデータ収集技術はとくに高いものがある。

こうした強みを有する日本にとって、途上国における膨大なインフラ需要は大きなチャンスであると同時に、日本が果たすことのできる役割は大きい。

第一に、日本企業が受注することにより、直接的に日本経済の成長に資する。

第二に、インフラが整備されることで、当該国・地域で活動する日本企業にとってビジネス環境が改善する。とくに、サプライチェーンが国境を越えて拡大するなか、道路、鉄道、港湾等の輸送インフラが整備されることのメリットは大きい。

第三に、これまでに何度も述べてきたＳＤＧｓである。途上国で不足しているインフラを整備することにより、産業と技術革新の基盤がつくられる（ＳＤＧｓ17の目標のうち、目標９。以下同様）のに加え、水と衛生へのアクセス（目標６）やエネルギーへのアクセス（目標７）が向上する。経済成長を通じて貧困削減にも資するし（目標１）、持続可能なまちづくりにも役立つだろう（目標11）。日本の技術や経験を生かして、ＳＤＧｓ達成に向けて大きく貢献することができる。

問われるのはインフラの「質」

ちなみに中国は、一帯一路構想のもと、シルクロード資金やアジアインフラ投資銀行（ＡＩ

ＩＢ）といった資金ツールも準備し、積極的に攻勢をかけている。日本一国で膨大なインフラ需要を埋められるわけもなく、中国をはじめとする各国によるインフラ投資自体は歓迎すべきことだ。しかしながら、いくつかの問題も指摘される。

たとえば、相手国の返済能力を超える貸付が行われ、返済が滞った際に、そのインフラに長期の賃借権を設定するといったケースが見られる。

スリランカのハンバントタ港のケースでは、債務の返済と引き替えに港の運営権が99年間、中国に貸与された。インフラ投資を隠れ蓑にして、地政学的影響力の確保を狙っているのではないかとも指摘される。米国防省は年次報告書『中国の軍事力２０１８』において、一帯一路の下での対外投資が中国に軍事的優位を付与しているとの懸念を表明した。米国のシンクタンクＣ４ＡＤＳも、一帯一路に基づく中国の港湾投資の実態を分析し、「中国は港湾投資により、インド太平洋地域を自国に有利な戦略環境につくり直そうとしている」と警鐘を鳴らす。

環境への配慮が足りなかったために、プロジェクトの実施に支障を生じているケースも指摘される。２０１１年、民政移管したミャンマー政府は、中国による支援で工事が始められていた同国北部のミッソンダムについて、工事の中止を表明した。さまざまな理由が複雑に絡み合っているようだが、環境破壊に対する地域住民の反対が一つの大きな理由であったとされる。

また、途上国政府は初期投資にかかる費用を重視しがちであるが、インフラの寿命、保守・

保全にかかるコスト等、ライフサイクルコストを勘案した場合に、逆に高くつく場合も往々にして見受けられる。

世界の持続的発展のためには、膨大なインフラ需要に応えることが重要だが、ただ単に整備されればいいというわけではない。当たり前だが、当該途上国の発展に真に寄与するものでなければならない。

これからのインフラ整備はその「質」が問われる。ここでいう「質」とは、インフラそのもののクオリティだけではなく、ライフサイクルコストから見た経済性や、受け入れ国の債務持続性といった視点も含む。質の高いインフラを整備することで、途上国・地域の発展に真に寄与するとともに、日本の技術や経験を最大限発揮することができるはずだ。

国際スタンダードを握れ

政府も「インフラシステム輸出戦略」を２０１３年に策定し、トップセールスの推進をはじめさまざまな取り組みを進めており、受注金額も着実に増加している。

こうした取り組みをさらに加速し、途上国におけるインフラ需要を日本経済の成長につなげるためには、質の高いインフラを国際スタンダード化し、技術に秀でる日本企業が有利となる環境をデザインすることが重要だ。

２０１６年5月のＧ７伊勢志摩サミットでは、日本主導のもと、「質の高いインフラ投資の推進のためのＧ７伊勢志摩原則」を採択している。ここでは、①ライフサイクルコストから見た経済性、②現地雇用・技術移転、③社会・環境面への配慮、④被援助国の財務健全性、⑤民間部門を含む効果的な資金動員という原則に沿ったインフラ投資実施を確認した。こうした原則をＧ７以外の国にも広げることが重要である。

同年9月のＧ20杭州サミットでは、具体論に踏み込まないまでも、質の高いインフラ投資の重要性について首脳間で一致をみた。幸いなことに、２０１９年には日本がＧ20の議長国を務めるという格好の機会が訪れる。Ｇ20大阪サミットにおいて、「質の高いインフラ投資の推進のためのＧ20大阪原則」の採択を目指してはどうか。

オリンピックは日本のインフラ品質を誇る絶好の機会

また、日本の高度に安定したインフラ設置・保全技術を世界の人々に体感してもらうのに２０２０東京オリンピック・パラリンピックは大きな機会となる。

１９６４年に開催された東京オリンピック・パラリンピックの前後に投資した新幹線や高速道路などのインフラが、その後修繕や更新を繰り返しながら、50年以上の歳月を経て、いまも日本人の安全・安心に欠かせないインフラとして機能し続けていることを世界の人々に体感してもらう。

後述する「ＴＯＫＹＯサンドボックス」で提言する最先端な自動運行システムの導入と合わせ、50年前の設備を同時に体験してもらうことで、「先進的な技術先進国」と「持続的な成長国家」の両面を打ち出すことが重要である。この50年間のライフサイクルコストを目に見えるかたちで提示して、日本のインフラの質を世界に示す絶好の機会としたい。

提言7　ＴＯＫＹＯサンドボックス

兵庫県養父市から得たヒント

雪の降りしきる冬のある日、私たちは兵庫県養父市を訪ねた。

廃校の体育館を転用したレタス工場や温度管理の徹底されたトマト工場が立地し、特例農業法人11社の誘致に成功、営農規模を2倍にまで拡大した養父市。国家戦略特別区域法に基づき、「中山間農業改革特区」に指定された成果を十分に発揮している。古民家を改造した居心地のいい宿泊施設は、旅館業法の特例を活用したものだ。深刻な人口減少と高齢化に立ち向かうため、カーシェアリングや遠隔医療にも挑戦しようとしている。

２００３年に「構造改革特別区域法」が施行されて以来、規制緩和を進めるための制度は逐

（提供）兵庫県養父市

写真２　国家戦略特区・兵庫県養父市の広瀬栄市長

次改正されてきた。２０１８年6月6日には「生産性向上特別法案」が成立し「規制のサンドボックス制度」が創設されている。サンドボックス制度とは、地域限定で規制緩和を先行させる特区制度に加え、プロジェクトの「実証」を行って規制の見直しにつなげる制度、事業開始前に規制の有無を確認する制度、さらには企業単位で規制の特例措置を認める制度のことだ。

しかし制度が整備されても、それを活用する担い手がいなければ意味がない。そして、その担い手には挑戦しようという強い意欲が必要だ。

養父市の広瀬栄市長は、「改革への熱意の源泉は、衰退する地域への『危機感』と、変わらない現状への『怒り』だ」と言う。

広瀬市長の熱意が同市の改革を後押ししたのは間違いない。ならば、養父市でできたことは、日本各地もできるはずだ。

『危機感』の背景は地域によって異なるはずだが、日本全体が、とくに、日本経済のエンジンである東京こそが、強い『危機感』を持つべきであろうことは論を俟たない。後れをとる第四次産業革命を一気呵成に進めるためにも、規制緩和などの施策を総合的かつ集中的に推進する。そのために、新しい技術やサービスを自由に実験できる時間・空間、「社会実装の場」を確保する。その「社会実装の場」は日本の中心である東京で実現すべきものだ。

ポスト２０２０・既存産業の垣根を越えた社会実装の場

東京オリンピック・パラリンピック２０２０の開催期間中、世界中の注目が東京に集まる。その視線の先には、トップアスリートの活躍だけでなく、最先端の技術があるだろう。顔認証やロボット技術による警備、水素自動車、自動運転による選手・観客の輸送。ライブ映像とＶＲの融合、ビッグデータを活用した競技結果の予想は、スタジアムの観客だけでなく、世界中の人々を魅了するだろう。ドローンもさまざまな用途で使われるはずだ。

このような技術を一過性のものとせず、社会実装を目指す。そして、それを東京から世界に発信し、ビジネスに生かす。

ポスト平成のビジネスインフラの大きなテーマは、デジタルイノベーションをベースとした技術革新だ。日本人はデータ提供に不寛容との指摘もあるが、データ活用の効用を体感する場

（提供）東京港湾局

写真３　TOKYOサンドボックス候補地

を創出することで、これを克服したい。

東京オリンピック・パラリンピック２０２０の成果を生かし、既存産業分野の垣根を越え、新しいモノ・サービス・技術を組み合わせて社会実装を大胆に進める。その場所には、会場跡地（写真３）を活用する。

TOKYOサンドボックス

このように、第四次産業革命をオールジャパンで推進するためのインフラ構想として、「ＴＯＫＹＯサンドボックス」を提言する。

東京オリンピック・パラリンピック２０２０後に実装の期待される技術は何だろうか。

さまざまなものがあるが、「データ」×「ルールメイキング」×「Jビューティー」という観点からは、「①安全・安心の日本を強く印象づける最先端の警備体験」、②「おもてなしを極める自動運転体験」、「③旅の目的であるスポーツ・レジャー」、の3つが考えられる。

①では、ドローンや犬型ロボットなどへのAI搭載が考えられ、人間の能力では監視できない盗難や不正行為をチェックすることが期待される。初期投資費用はかさむが、長期的に見れば大幅なコスト削減も望める。日本の労働力人口の不足を補い、開発途上国に引けをとらない生産性の向上が見込めるはずだ。

②では、第五世代移動通信システムとして開発中の5Gに着目したい。カメラやウェアラブル端末から車載AIロボットが道路状況を検知して、これと交通規制や道路情報を組み合わせることによって、危険を回避し、完全に機械的な運転の実現を目指す。

③では、スタジアムやアリーナ内のいたる所に設置された小型カメラを駆使し、体感型の全方位立体スクリーンが面白い。5Gの超高速通信を利用すれば、遅延を生じさせることなくスクリーンへのオンタイム投影が実現できる。最先端の技術を使った「eスポーツ」のメッカを生み出すこともできるかもしれない。さらには、VRやARも組み合わせ、日本各地の観光名所の臨場感が体感できる機会を提供し、インバウンドの加速につなげることもできるだろう。

これら3つのテーマについて、TOKYOサンドボックスでの実装に挑戦する「意欲」と

「覚悟」を持った企業を募る。参加するための条件は、たった一つである。それは「失敗してもいい」というマインドセットで臨むこと。これによって、本当に実のある実装実験の場を目指す。

実効性を高めるため、このように新たなビジネスモデル創造にやる気のある企業が、関係省庁の参加も得て活動する場、「新ビジネスモデルの創造・実証ラボ」を設けたい。このラボでは、企業、関係省庁が、課題の実情などの研究、課題解決のための専門性を生かしたアイディアや技術を出し合い、具体的な新しいビジネスモデルを企画、創造する。企画したビジネスモデルを実証し、さらに新たな企画につなげる。実装・実用化までこのサイクルを回し続ける。

その際、関係省庁や学識経験者はビジネスモデルの事業化に向けて、実証活動をハンズオン支援する。とくに関係省庁は、プロジェクトごとにハンズオン支援の担当者・担当組織を明確にし、実装・事業化まで責任を持って支援する。

たとえば、自動運転の実現には、道路交通法などの規制が制約となる。これらの規制はもちろん、乗客や交通の安全を守るために必要なものだ。ＴＯＫＹＯサンドボックスではそこで、全体を私有地とするなど特定の者だけが出入りを許されるエリアとする。そのことによって、これらの規制の一部から解放されることになる。一方で、ＴＯＫＹＯサンドボックスの区域に足を踏み入れる者は、これらの規制からの保護を放棄する「覚悟」が求められる。

また、ＴＯＫＹＯサンドボックスの区域内では、個人情報についても、「保護」よりも「活用」を徹底する。たとえば、顔認証により本人確認を行い、出入りを管理するだけでなく、区域内でのすべての支払いをキャッシュレスにするなど、新たな技術やビジネスモデルのためのさまざまな条件設定に役立てる。既存の規制を検証し、官民が協調して新たなルールのあり方をデザインすることに結びつける。

ＴＯＫＹＯサンドボックスは、「データ」×「ルールメイキング」×「Ｊビューティー」の実験の場だ。アメリカのシリコンバレーや中国の深圳のように世界に認知され、日本経済再起動のシンボルとなることを目指したい。

第2章

企業・産業の新陳代謝で、再起動

～劣後を許す全ての壁をぶち壊す～

不活性大国ニッポン

進まない新陳代謝

急速に進む第四次産業革命のなかで、日本企業の後退が懸念されている。イノベーションの創出が活発なアメリカに遠く及ばないだけでなく、国家資本主義的に官民一体で技術開発を推進する中国にもすでに多くの分野で劣後し始めている。

このような立ち遅れの原因として、私たちが注目するのが、日本企業の〝近視眼的〟な経営体質が生み出す「新陳代謝」の不足である。日本は企業内部での新陳代謝のみならず、企業を超えた新陳代謝、産業全体の新陳代謝が進んでいない「不活性大国」である。

①後生大事に温存される低収益部門

日本企業の事業ポートフォリオを欧米企業と比較すると、低収益部門を多く抱えていることが企業全体の収益性を押し下げていることがわかる（図表6）。

多角化した大企業に絞って比較するとその収益力の差はさらに顕著である。（図表7）。

これが示唆するのは、〝日本企業内部の新陳代謝の低さ〟である。化学メーカーを例にとると、欧米企業は近年アグリバイオやエネルギー分野を大型買収などで強化し、汎用石化・樹脂分野では撤退や思い切った縮小を断行するという例が多く、さらにはダウ・ケミカルとデュポ

日系企業の場合、売上高営業利益率が10％未満のセグメントは9割を占める一方で、世界の企業の場合は、3〜7割。日系企業は、低収益事業の淘汰が進まず、全体の収益性を引き下げ。

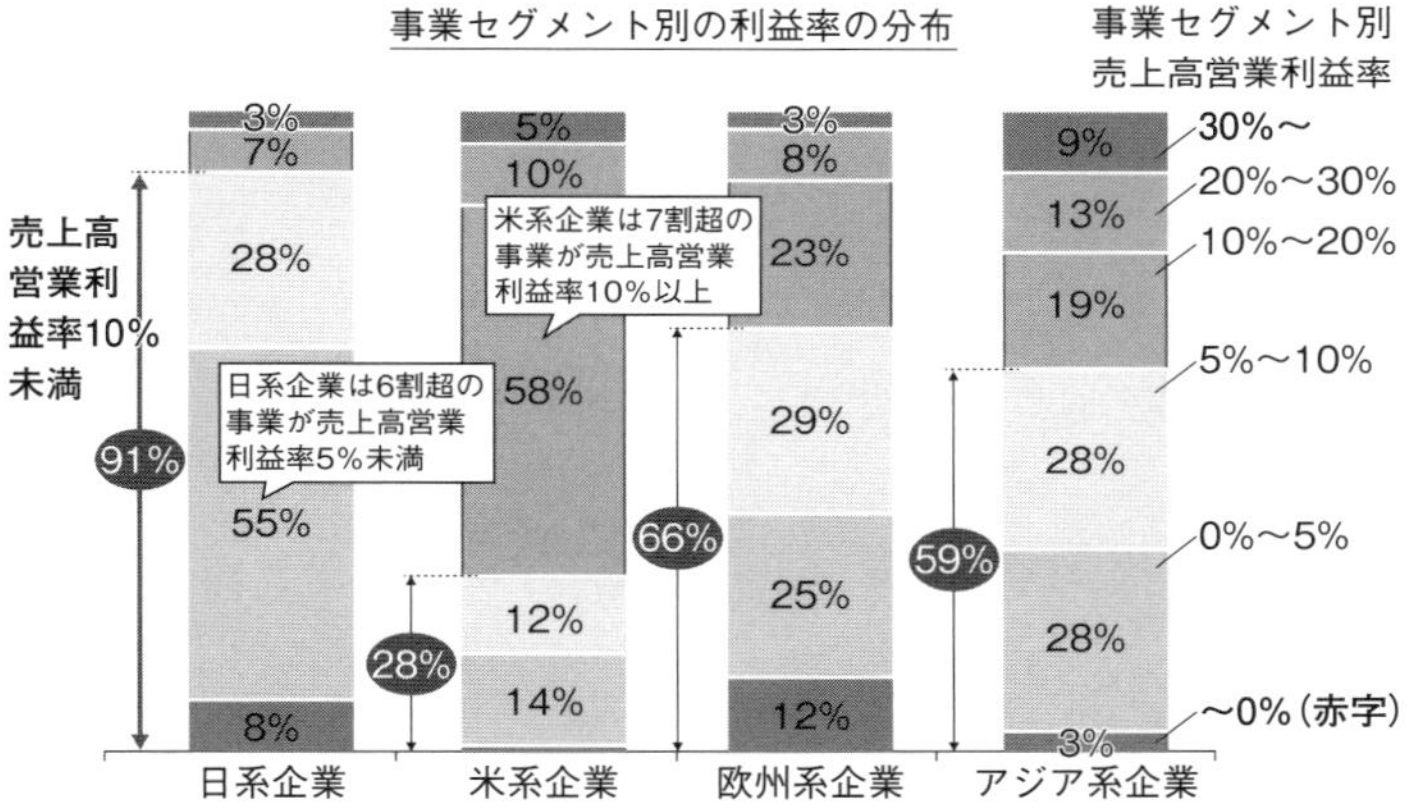

比率：$\dfrac{\text{該当利益率区分の事業セグメント数}}{\text{調査対象企業の全事業セグメント総数}}$

（出所）未来投資会議構造改革徹底推進会合資料より筆者作成

図表6　日本企業の不適切なポートフォリオ

巨大規模化・多角化した日系企業は、営業利益率が相対的に低い。一方で、米・欧州系の巨大規模化・多角化した企業は、日系企業より営業利益率が高く、適切なポートフォリオの転換が行われている可能性。

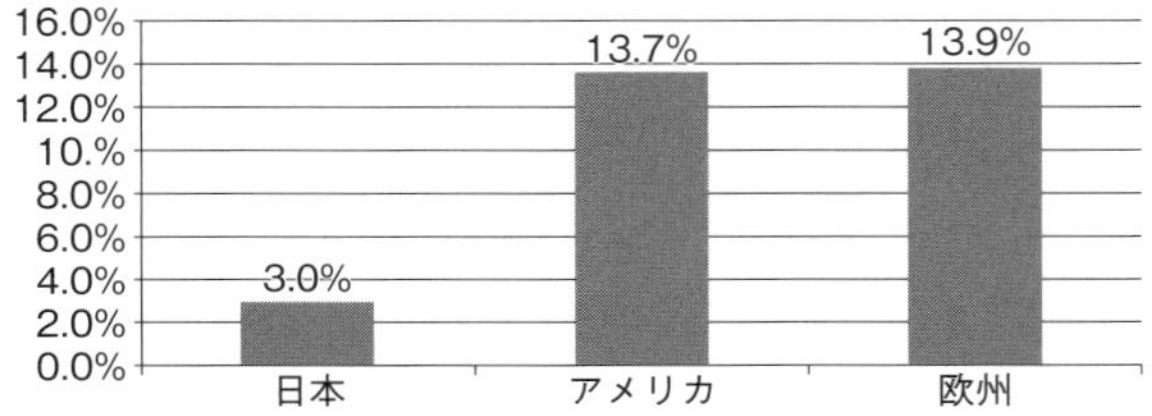

＊巨大規模は売上高2兆円以上。多角化度は50％以上。
＊調査対象企業は、日本はTOPIX対象銘柄、米国はNYSE総合指数構成銘柄、欧州はFTSE総合指数（英）、CAC全株指数構成銘柄（仏）、CDAX指数構成銘柄（独）。

（出所）未来投資会議構造改革徹底推進会合資料より筆者作成

図表7　巨大規模化・多角化した企業の営業利益率

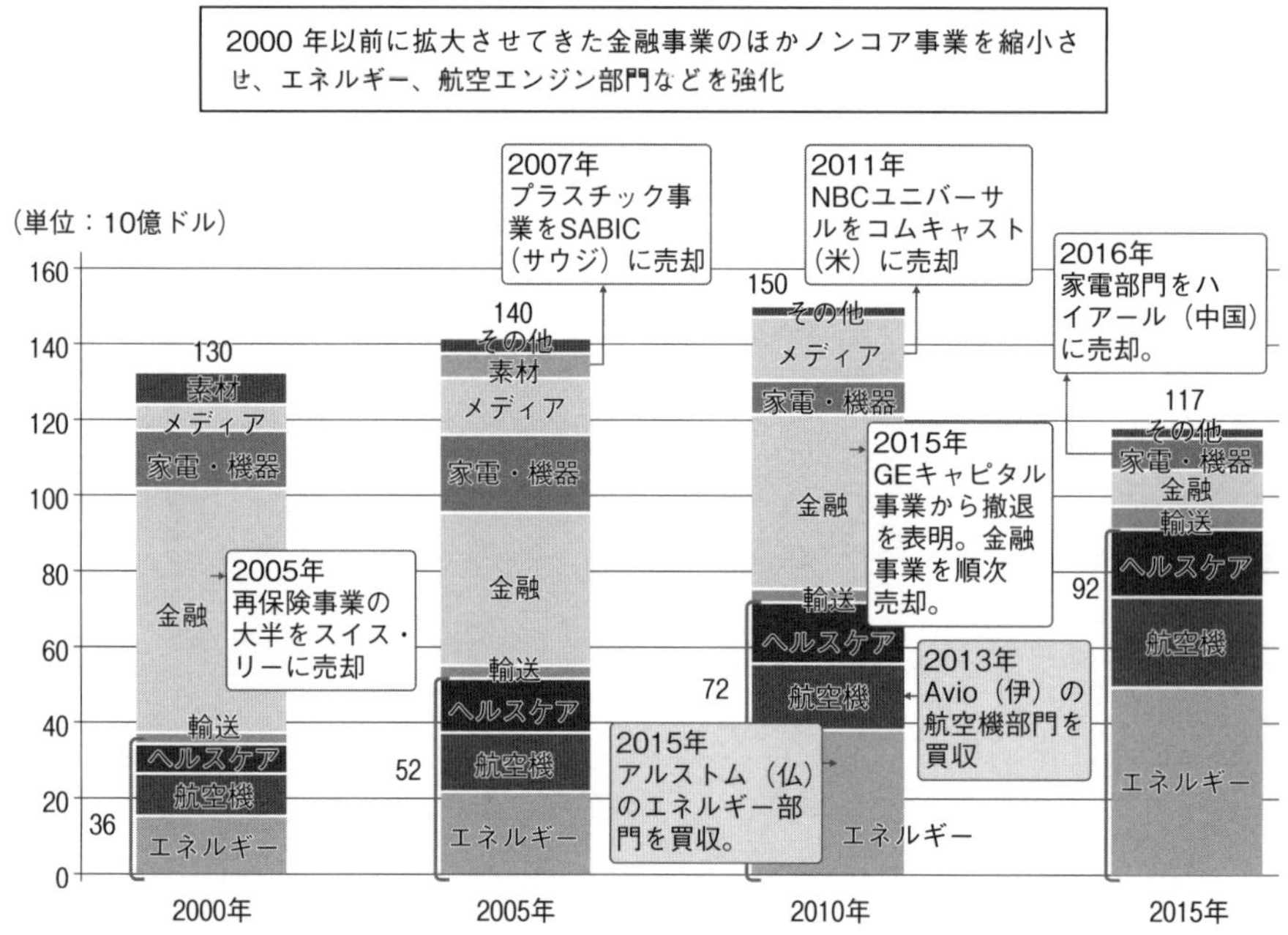

(出所) 未来投資会議構造改革徹底推進会合資料より筆者作成

図表8　欧米企業の事業組み替え（GEの部門別売上高の推移）

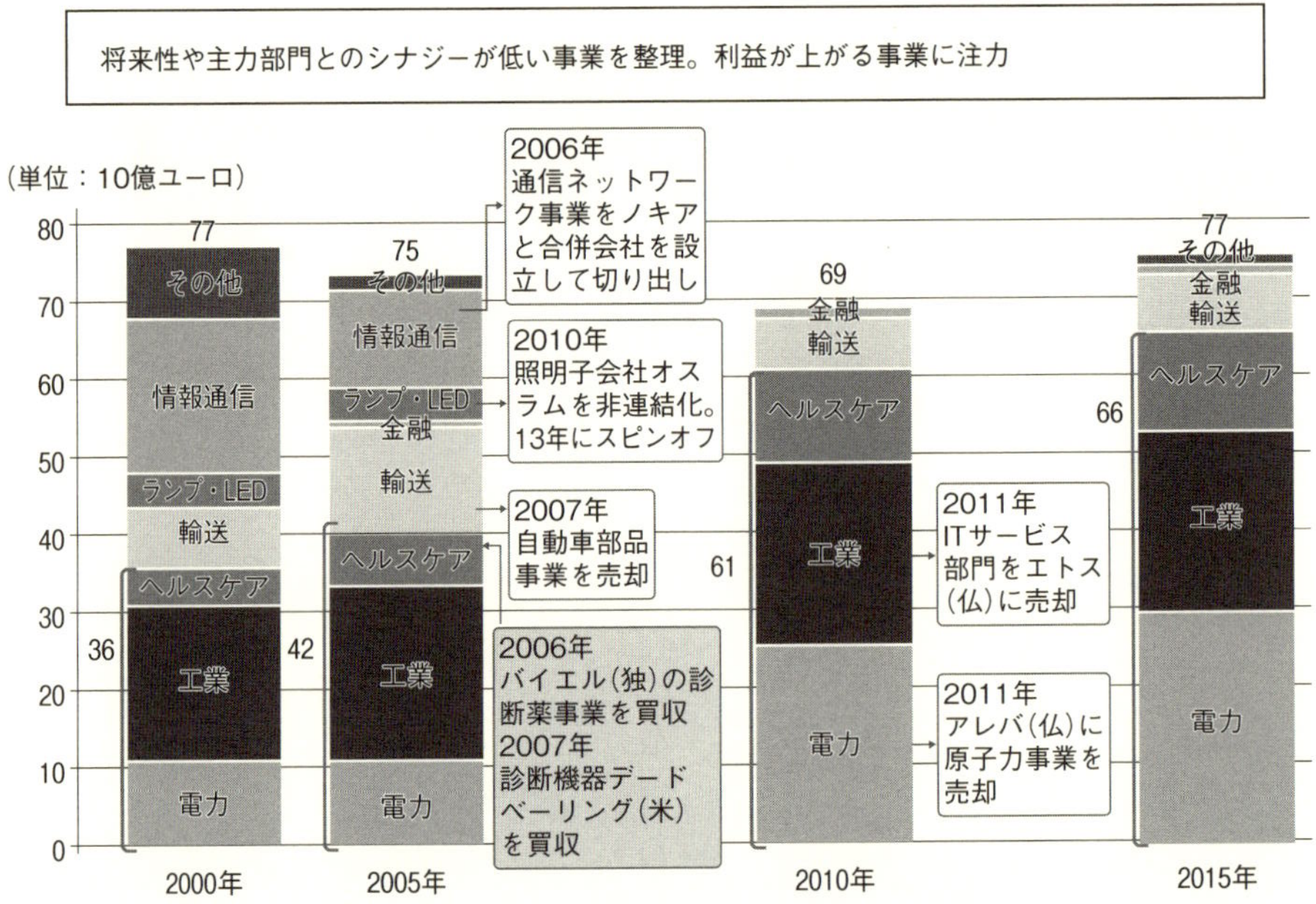

（出所）未来投資会議構造改革徹底推進会合資料より筆者作成

図表9　欧米企業の事業組み替え（Siemensの部門別売上高の推移）

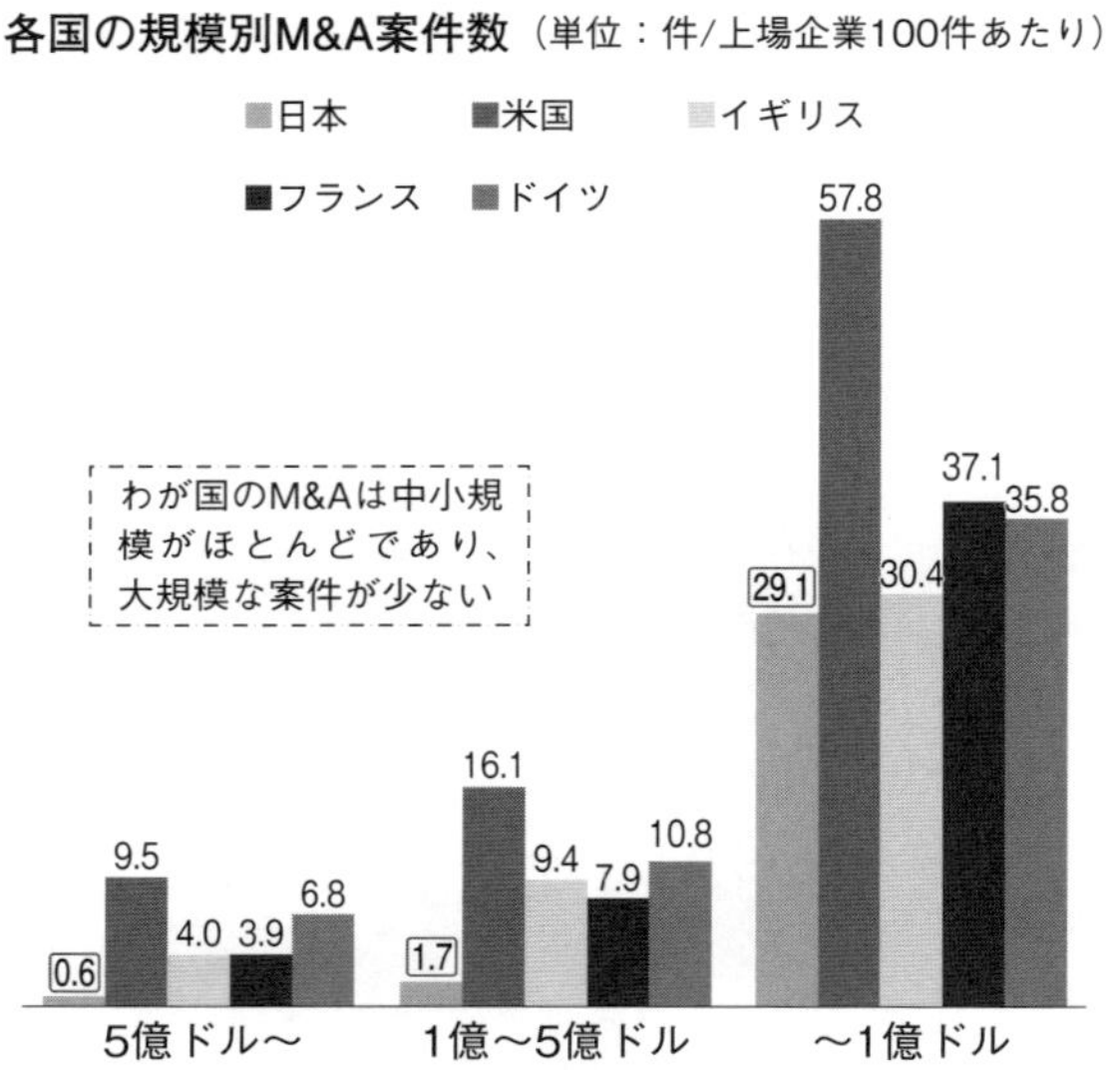

（出所）未来投資会議構造改革徹底推進会合資料より筆者作成

図表10　M&A　国際比較

ンのような超大型合併も実現している。対して日本企業は、アグリバイオやヘルスケア分野で大型買収などの強化が見られるものの、既存事業分野での撤退や縮小といった動きが非常に少なく、集中と選択のメリハリに乏しい。

果断な事業組み換えで持続的成長を遂げている欧米企業例としては、他にもGE、シーメンス等が有名である（図表８・９）が、日本企業ではこうした活発な例はほとんど見られない。既存事業が成長し続けられる状況であれば問題ないが、変革期においては、現事業内容と経営資源を冷静に峻別し、先手を打って自己変革を遂げるダイナミズムが不可欠である。

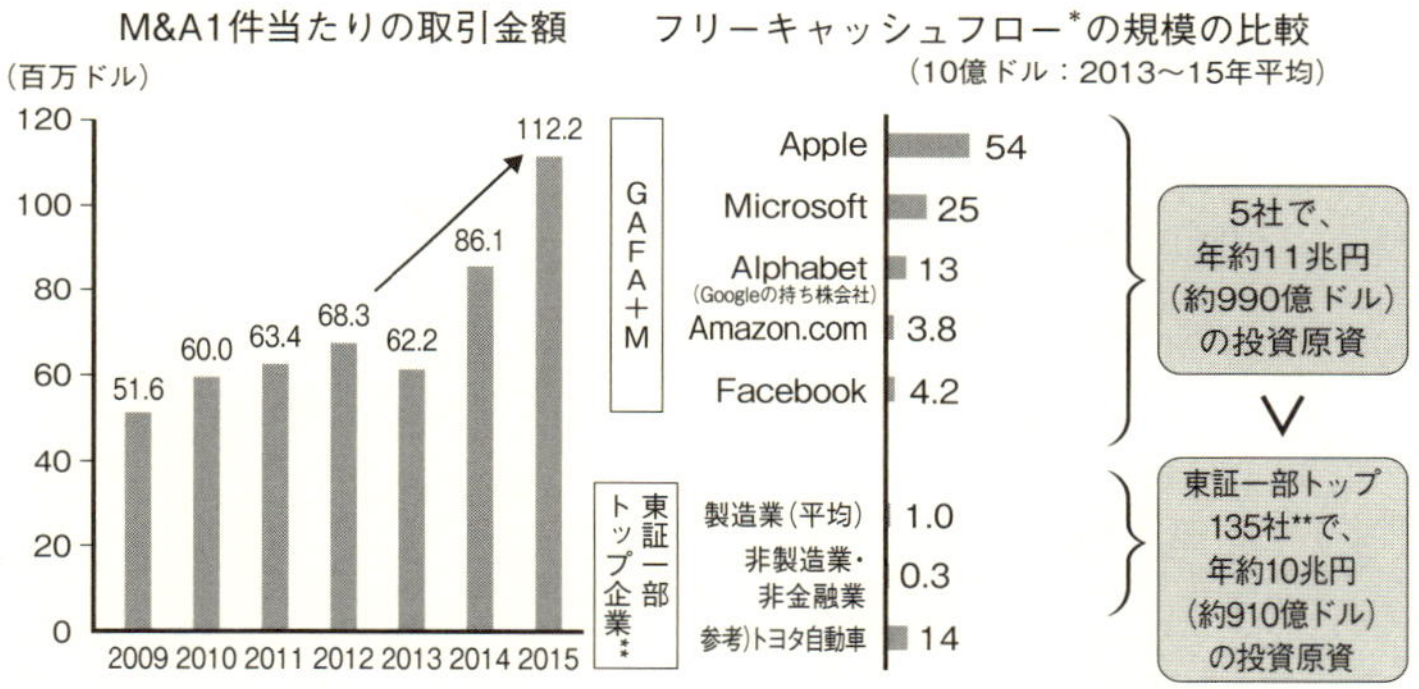

*フリーキャッシュフロー：本業から得られる営業キャシュフローから、設備投資等の有形固定資産投資額を控除したもの。
**東証一部上場企業のうち、直近3年の平均売上高が100億ドル以上の企業（製造業:73社、非製造業・非金融業:62社）

（出所）未来投資会議構造改革徹底推進会合資料より筆者作成

図表11　グローバルなM&Aマーケットにおける競争の激化

②戦略なきＭ＆Ａ

同じく企業によるＭ＆Ａの活発さを欧米と比較すると、日本企業は、件数も少なく、規模も小さいものが多い。（図表10）米ＧＡＦＡをはじめ、多くの新興企業が積極的なＭ＆Ａを通じて事業を発展させ企業価値を向上させてきた事実があるが、それにくらべて日本企業の不活発さは際立っている。つまり、〝企業を超えた新陳代謝も遅れている〟、と言える。（図表11）

もっとも日本企業によるＭ＆Ａ件数・金額は、とくに海外企業に対して近年増勢傾向にある（海外企業向けＭ＆Ａ投資：２０１８年上半期は、欧州企業を抜いて過去最高を更新）。ただし、これは国内における投資機会の不足とカネ余りを反映している面もあり、長期的事業戦略に基づいて価値向上につながるＭ＆Ａが活性化しはじめたと見

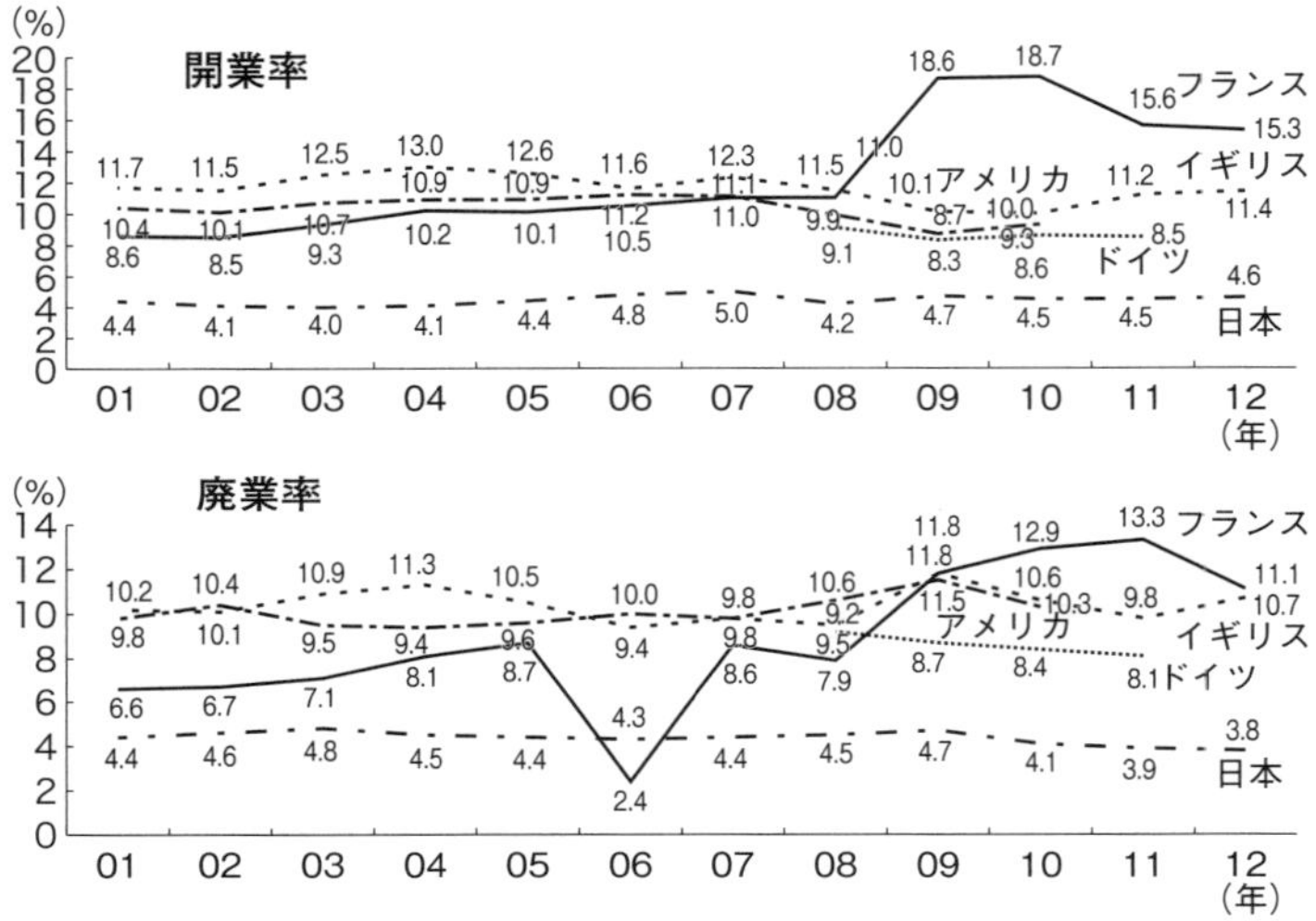

（出所）中小企業庁　中小企業白書（2014年版）（平成26年7月）

図表12　開業率/廃業率　国際比較

るのは早計である。確固たる戦略に基づくM&Aの活性化は依然課題として残っている。

③孵化できないベンチャー企業

さらに、企業の生成と消滅の動態を示す「開業率」「廃業率」についても、図表12が示すように、日本は欧米の半分かそれ以下と著しく低い。

国によって事情が違うため単純比較はできないものの、産業構造変革の動きが欧米に比して非常に緩慢であるということが示唆されている。日本にはなかなかベンチャー企業が生まれにくい、育たないと言われて久しいが、ベンチャー企業を新規に輩出し孵化させる、すなわち産業全体の新陳代謝を高めることが必要である。

活性化を阻む3つの壁

以上３つの新陳代謝の促進が急務であるが、これを実現するために、私たちには超えるべき〝３つの壁〟があると考えている。それは「企業間の壁」「業界の壁」「国境の壁」である。

「企業間の壁」は、〝自前主義〟を超克し、オープンで柔軟な連携エコシステムを創ることで乗り越えられる。これからの事業展開は、より顧客ニーズ視点に立った総合的なサービス構築とビジネスモデルづくりが必要になる。そのすべてを自社でやろうとするのではなく、業種を超えて広く柔軟に連携し、そのなかで自社の付加価値をどう発揮するかという経営戦略の策定と、その実行に向けた果断な行動が必要である。

「業界の壁」は、主に「業法」を軸とした官民の縦割り構造を指す。行政の仕組みが市場の変革に追従するスピードには限界がある。またそこには業法に縛られた（もしくは護られた）旧態依然とした業界構造があり、変化を拒み恐れる企業が多く存在する。企業経営の姿勢として、ともすると従来の業法業界の仕組みの中に〝安住〟してしまい、外界への高い視野を喪失し、果断な経営判断を鈍らせるケースもありうる。これについては後述したい。

最後に「国境の壁」であるが、これはグローバル視点を持つことで乗り越えられる。昨今の世界的な保護主義傾向は懸案だが、世界はあらゆる意味ですでにグローバルにつながっており、ＩｏＴ技術などによってコネクティビティは日々深化している。企業経営やガバナンスにおいても、国際標準やベストプラクティスを正確に見極めて、自社の事業戦略上必要な判断を、国境にとらわれずに実行に移すという、広い視野と強い意志を持たなければならない。

提言8 〝やったふり〟コポガバからの脱却

積極果断な事業再編が日本企業をよみがえらせる

日本の大企業は総じて事業領域が多岐にわたり、低収益部門やノンコア事業の切り離しには慎重である。ましてや、その事業が祖業事業である場合などは多くの反対を受けることもある。

一方で、欧米企業では経営戦略として果断な事業再編を繰り返すことにより企業価値を高め、持続的成長を遂げている企業が先に述べたＧＥやシーメンスなど多数見られる。

たとえば、ＩＢＭ、ＮＥＣ、富士通は、同じくＬｅｎｏｖｏへＰＣ事業を売却した。ＩＢＭは２００４年にコモディティ化が進むＰＣ市場から撤退、同時に中国で強力な販売ネットワークを持つ企業と組むという戦略から黒字事業のうちにＰＣ事業を売却している。しかし、日本企業は２０１１年にＮＥＣが、２０１７年に富士通が、ともに事業不振に陥ってからＰＣ事業を売却している。

日本企業が熾烈なグローバル競争を勝ち抜くためには、将来の事業ポートフォリオ構築のために、採算事業であってもコア事業とならない事業を売却するなど、一歩踏み込んだ事業再編や大胆な企業買収による攻めの事業再編を行う必要がある。

義務感でガバナンス？

これまで、事業再編を加速させるために、コーポレートガバナンス・コードや事業再編税制などが整備されてきている。ちなみに、コーポレートガバナンス・コードとは上場企業が守るべき企業統治の行動規範のことで、東京証券取引所と金融庁が制定し、２０１５年6月から適用が開始された。このコーポレートガバナンス・コードを受け、多くの企業が2名以上の独立社外取締役の選任や、指名委員会、報酬委員会などの独立した諮問委員会の設置などを行っている。

コーポレートガバナンスには、透明・公正性のための「守りのコーポレートガバナンス」と迅速・果断な意思決定のための「攻めのコーポレートガバナンス」があるが、多くの日本企業では、「守りのコーポレートガバナンス」が中心である。

私たちは、施策の即時性と即効性の観点から、「外発的に／内発的に」経営者の果断な意思決定を後押しする「攻めのコーポレートガバナンス」が必要と考える。

外発的とは、市場・投資家および取締役会における独立社外取締役からのプレッシャーを強化することであり、内発的とは、インセンティブによる経営者の行動変革をうながすことである。

コーポレートガバナンス改革

私たちは、次の3つのコーポレートガバナンス改革を提言したい。

①事業セグメント別の売上高営業利益率の公表義務化

事業セグメント別の売上高に対する営業利益、つまり売上高営業利益率の分析は、事業の本来の実力、儲ける力や事業の管理効率を示す。経営者としては、限られた経営資源の配分として、「今後どの事業に力を入れ、どの事業から撤退するか」を判断する指標ともなる。これをさらに「見える化」して、積極的に投資家とのコミュニケーションを図るべきである。

そこで各企業の事業について、「収益性も成長性も高い事業」「収益性は高いが成長性は低い事業」「収益性は低いが成長性は高い事業」「収益性も成長性も低い事業」に分類し、現在の利益率だけではなく、将来の各事業の収益性を考慮した事業ごとの状況分析を有価証券報告書に記載することを義務付けたい。

その結果、企業は「収益力を強化する事業再編を果断に実行している」という市場の評価が得られる。この評価を後ろ盾として、経営者は事業ポートフォリオの組み換えを加速できるようになるだろう。

収益力を強化することによってグローバル市場での競争力を向上させ、得られた利益を成長分野へ積極投資していくという、企業成長の正しい連鎖を実現することにつながることを期待したい。

②独立社外取締役のさらなる有効活用

取締役会に求められる責務・機能には、業務執行機能とともに取締役相互間の監督機能がある。この監督機能の強化としては、コーポレートガバナンス・コードにおいて、独立社外取締役の有効な活用として、「少なくとも2名以上を選任すべき」「少なくとも3分の1以上を選任することが必要と考える会社は、十分な人数を選任すべき」と示している。

しかしながら、会社に長年勤めた年功のある者の中から執行兼務取締役が選ばれている現状では、相互監視の監督機能が十分に発揮されることは期待できず、むしろ相互不可侵となっている。

また、取締役会とは別に、経営会議など社内取締役を中心とした議論の場が設けられていることが多く、重要事項は取締役会以前に議論が尽くされており、取締役会は「社内取締役から社外取締役への報告の場」となってしまっていることも多い。

そこで、この監督機能の強化として、コーポレートガバナンス・コードにおいて「独立社外取締役を少なくとも過半数選任すべき」とすることを提言する。

その結果、社外取締役が、社内取締役の間でコンセンサスが得られた内容を覆すような意見は言いづらいと感じる環境を取り払うことができるはずである。

独立社外取締役に求められる資質は、業界特有の村社会的常識を打破する視点を持って監督・助言をすることである。

しかし、そのような独立社外取締役は不足している。そのため、上がりのポストと化している顧問や相談役の制度を解消することも必要であろう。出自となった業種・業界を越えて、社外取締役もしくは他社の経営者として活躍する仕掛けをつくる必要があるように思える。

③経営者報酬に長期インセンティブを重点的に付与

経営者報酬の内訳は、主に基本報酬、年次インセンティブ、長期インセンティブの3種類で構成されている。多くの日本企業の経営者報酬は、欧米と比較して報酬総額の水準が低く、かつそれに占める基本報酬の割合が高い。基本報酬、年次インセンティブ、長期インセンティブの構成比は、およそ米国が1：2：7、欧州が1：1：1であるのに対して、日本は5：3：2である（図表13）。

各国のCEO報酬比較（売上高等１兆円以上企業）（2015年度）

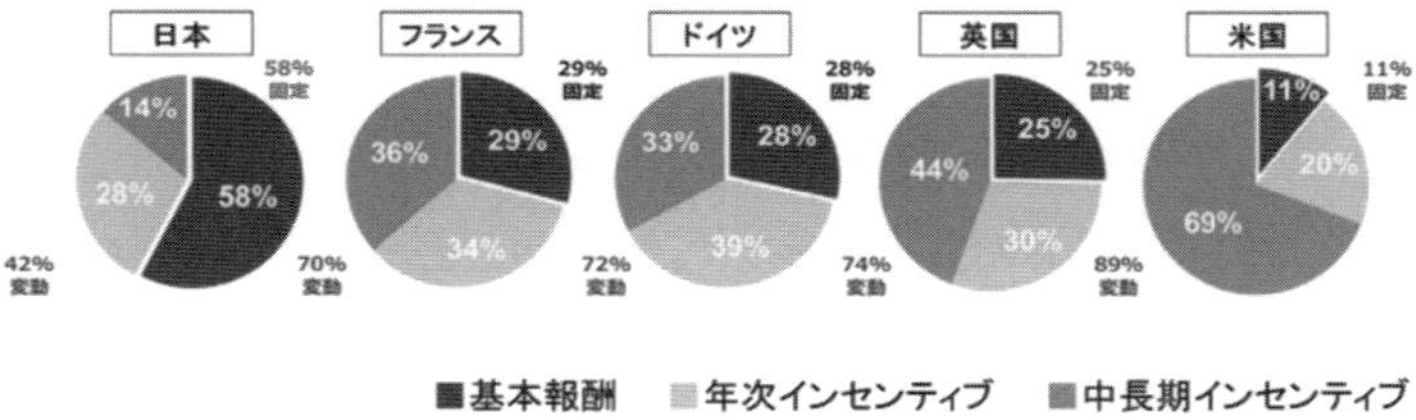

（原典）CGS研究会（コーポレート・ガバナンス・システム研究会）
（第６回）配布資料　ウイリス・タワーズワトソン　説明資料
（出所）経済産業省「攻めの経営」を促す役員報酬（平成29年９月）

図表13　各国のCEO報酬比較

つまり、欧米企業では、持続的な企業価値の向上を目的とする長期インセンティブを主体とした経営者報酬体系が一般的であるが、日本企業では業績に関係なく現金で定額が支払われる割合が大きい。

このため、日本の経営者は、企業価値を向上させるために積極的にリスクをとらず、在任期間を平穏に過ごそうとしてしまう傾向にあるように思える。そこで、株式報酬を主体とした長期インセンティブの割合を増やすことが必要と考える。

具体的には、コーポレートガバナンス・コードに「ＣＥＯの株式保有ガイドラインとして、年額基本報酬の３倍以上の自社株式の保有」と「ＣＥＯの報酬を基本報酬、年次インセンティブ、長期インセンティブの構成別に、および保有自社株式数の公表」を追加することを提言する。

加えて、独立社外取締役を含む報酬委員会を設置することが必要である。報酬委員会が報酬の算定評価に関与することで経営者報酬の透明性や株主の納得が得やすくなるのである。こうすることで、株主と利益を共有するだけでなく、ダウンサイドのリスクも共有することにより、株主視点の強化につながることが期待できる。

提言9　若手経営者を戦略的に育成しよう

日本企業の経営人材育成については、日立製作所や日産自動車が、若手のビジネスリーダーを発掘・選抜・育成し、40代でキーポスト、キーポジションに着任させることを目指したリーダー人材育成プログラムを導入するなど、多くの日本企業に見られる年功的な要素が強いものとは異なる先進的な取り組みが出はじめた。また政策サイドも、２０１８年6月にコーポレートガバナンス・コードを改定し、取締役会によるＣＥＯ等の後継者計画策定・運用への関与や後継者候補育成の監督を強化した。日本の次世代経営者育成への動きが本格化してきていることは間違いない。

一方で、いまだ多くの企業が次世代経営者育成を課題として認識している。２０１８年の経済産業省による経営人材育成に関する調査では、経営人材の確保・育成が順調と認識する企業は4割を下回り、人材育成の取り組みをしている企業においても5割以上が不安であるとしている。

さらに同調査では、経営人材育成対象の職位について、年齢層の高い「部長クラス」と回答する企業が9割にのぼり、経営者トップを若手段階から早期に育成しようとする企業が少ないことが浮き彫りになっている。

いますぐ30代・40代を社長に

この状況を踏まえ5年後、10年後の早期に、多くの優れた経営者を輩出するため、次期経営者候補とするいまの30代・40代の社員にただちに経営を経験させることを提案したい。

経営者に必須なのは決められたミッション、役割、ダイレクションに基づいたオペレーショナルな業務執行を中心としながらも、厳しい環境の中でさまざまなステークホルダーと対峙し、自らの意思決定と責任で事業運営を行える豊富な経験である。その経験の乏しい者が、いきなり投資家と長期的な経営ビジョンや戦略についての対話を行い、果断な意思決定を行うことは難しい。次の経営者となるべき人材は、実際に企業経営を経験した人材であることが望ましいのは明らかだ。

日本の大企業においては、現実には若手に経営を経験させるような経営者人材育成システムが機能しているとは言いがたい。

私たちのチームメンバーが属する複数企業が、次世代経営者育成について一様に言う。「われわれは次世代経営者育成について教育プログラムを実行し、常に経営候補者を更新しており、次の経営者人材を輩出する準備はできている」と。しかし子細に見れば、それらの企業の数十ある子会社に40代の経営者は数人ほどにしかすぎない。残りの多くは、その組織ラインから上がった50代半ば以降であるのが実態である。経営者として経験を積むことができる子会社が「上がり」ポスト化しているのである。

将来の経営人材育成の場として、国内外の子会社などのトップを経験させることは、非常に有効である。30代・40代の経営者候補とする若手人材を、海外子会社のトップ、新会社の立ち上げ、赤字会社の整理・改革など、あえて本人にとって難易度の高いポジションに配置し、困難な状況下で数々の意思決定と結果責任を通じてリアルな経営リーダー人材を育てたい。

相手は経験が乏しい若手である。実現に向けては、アサインメントに対するメンタル面での抵抗があろうし、これまでの人事慣例への対処など、解消しなければならない課題は多々あるだろう。しかし、まず着手することを提案したい。決して難しいことではなく、将来を見据えて、いまだからこそできる経営の意思決定の一つである。

減点主義を廃しリスクがとれる経営者を育てる

評価の仕方にもひと工夫が必要である。

結果責任を過剰に意識し、リスク回避的な行動に陥らず、長期的戦略に基づくリステイキングを促すために、失敗による減点主義は廃止しなければならない。失敗の原因究明こそが重要で、次の成功の糧としてそのプロセスが正しく評価されねばならない。日本企業特有の減点主義的評価システムと、そこに染み付いている風土を併せて変えることにも着手すべきである。

実行の加速には、政策面の後押しも必要である。一定の規模以上の企業には、コーポレートガバナンス・コードにおいて、子会社など社長の30代・40代比率目標設定や年齢公表などの経営者育成項目の開示義務化も検討すべきであろう。

提言10　大企業「発」＆「着」ベンチャー　１０００社計画

ベンチャーを日本経済の起爆剤に

「日本にはベンチャーが育たない」といわれて久しい。

米国では、ＧＡＦＡがベンチャー企業から大きな成長を遂げ、社会に欠かせないグローバル企業になったように、ベンチャーから次の世代の主要企業が生まれ、新たな経済成長を牽引するという流れをつくることが、これからの日本には不可欠である。ベンチャー企業こそが日本経済全体の新陳代謝を促進するカギとなる。

日本でも、ベンチャー企業の上場市場の整備、ベンチャーキャピタルの育成、エンジェル税制の整備など、ベンチャー企業をつくり出すための制度環境については国際的なイコールフッティングが進んできている。また最近は、起業する人の割合も欧州を超え、米国に次ぐ状況である。いわゆるコーポレート・ベンチャーキャピタル（ＣＶＣ）が活発となってきていることもあって、ベンチャー企業の資金調達金額が２０１０年にくらべて4倍になるなど、昔に比べれば起業しやすい環境になったといえるだろう。

しかしながら先に述べたように、企業の「生き死に」の指標である「開廃業率」についていえば、欧米では10％程度であるのに対し、日本は長年にわたって5％程度と、低い水準から抜け出せていない。時価総額が10億ドルを超える非上場のベンチャー企業を「ユニコーン企業」と呼ぶが、残念ながら日本にはなかなか生まれてこないことも現実である。

大企業に埋もれる資産を生かせ

これを打破していくためには、どうすればいいか。ここで私たちは、日本の大企業の持つ可能性に着目した。

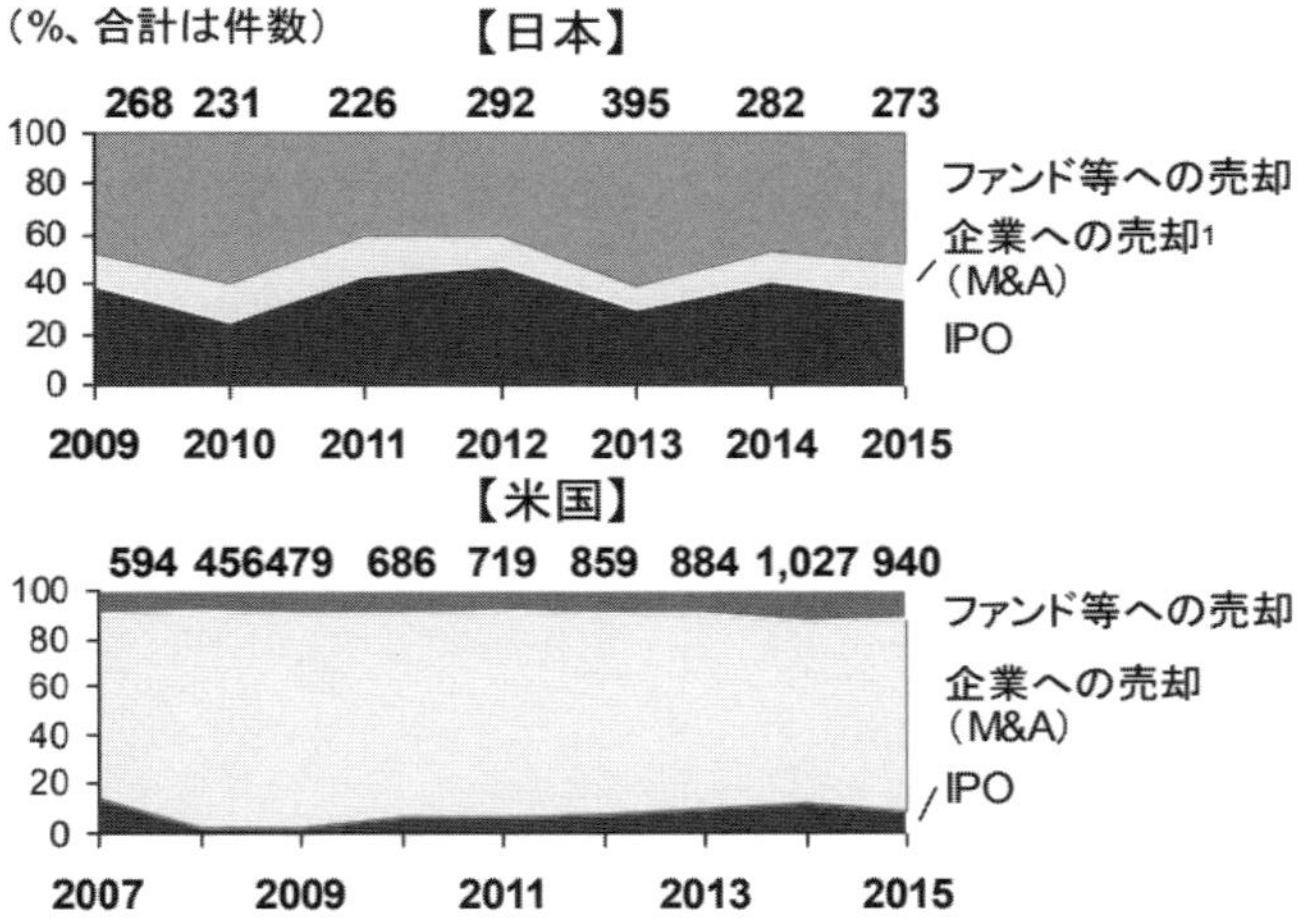

（出所）経済産業省平成28年度産業経済研究委託事業
リスクマネー供給及び官民ファンド等に関する国際比較調査研究（平成29年１月）

図表14　VC投資企業のEXIT方法（件数ベース）

まず日本の大企業にはまだまだ技術・人材が埋もれている。言い換えれば、大企業が持っているアセットや研究開発の成果が有効に活用されておらず、ベンチャー企業の「タネ」が死蔵・退蔵されているといっても過言ではない。

この「タネ」をなんとか解放できないか。シリコンバレー型の「大学発ベンチャー」も、もっと増やさなければならないが、世界に比べても大企業に資産が埋もれている日本においては、大企業が「出発点」になるベンチャーに可能性があると考えている。

また、ベンチャー企業の上場（ＩＰＯ）は大きく取り上げられ、成功物語としてとらえられているが、上場することだけが出口ではない。たとえば、米国ではベンチャー投資の出口の80％は企業による買収・合併など（M＆A）で行われ、上場は8％程度だが、これに対して、日本では上場が35％、M＆Aはわずか7％にとどまっている。（図表14）

日本のベンチャー企業には、日本の大企業よりも先に、中国や欧米の企業からM＆Aのオファーが届くという例も多いと聞く。日本の大企業は自前主義に陥りがちだが、私たちは、大企業がベンチャー企業をM＆Aする、つまり、ベンチャー企業の「到着点」になっていくことも、まだまだ可能性があると考えている。

つまり、この日本でベンチャーのエコシステムを構築するには、大企業というピースが欠かせず、大企業はその潜在能力を最大限に発揮しなければならない。まず、大企業に埋もれる技術・人材を生かした、大企業「発」のベンチャー企業を増やしていき、さらには、ベンチャー企業の出口として、日本の大企業「着」によるM＆Aを増やしていくことも必要になる。

その昔、2000年ごろ、政府は「大学発ベンチャー企業1000社計画」を打ち立てたが、日本の大企業から出発し、または到着する、すなわち「出発点」か「到着点」になるベンチャー企業が、2025年までに1000社まで増やせないだろうか。

大企業の可能性と限界を熟知しよう

「日本の大企業は、まだまだ新しい事業を興す可能性がある」

「でも、新しい事業を興そうとすると、必ずカニバリゼーション（自社の商品やサービス、ブランドなどが競合してシェアを侵食し合う共食い現象）に直面して断念に追い込まれる」

「日本の大企業にはＴｈｉｎｋｅｒ（事業の将来性やリスクを分析して物事を進める人）は多いが、Ｄｏｅｒ（現場で壁に当たりながら前に進んでいく人）が少ない」

「サラリーマン型の大企業の意思決定の仕組みからは、絶対に新規事業は出てこない」

「ある意味、江戸時代のように、大企業の『出島』をつくり、そこに『黒船』としての自分たちが媒介することで、ベンチャーが興る。可能性はまだまだある」……。

株式会社ＷｉＬ（ウィル）の共同創業者兼ＣＥＯである伊佐山元氏が発する一つひとつの言葉は、多くが大企業で勤務している私たちにとって耳が痛いものであった。一方で、私たちの持つ潜在能力についても、改めて自信を持つことができた。

ＷｉＬは、シリコンバレーに本社を置き、ベンチャー企業への投資に加えて、大企業における新規事業、ジョイントベンチャーの企画と育成を行っている。そして、東京愛宕の同社オフィスには、日本の大企業の「志士」たちが、自らの企業に埋もれていたビジネスのタネを、ほかの企業の同志たちと磨きあいながら、開花させようとする熱気があふれていた。

自前主義の根絶に向けて

伊佐山氏の言にもあるように、大企業からすれば、新しい事業を興したり、新しい企業を買収・合併したりすると、既存の事業とのカニバリゼーションの懸念がどうしても生まれがちで、足が止まる傾向にある。また、日本の大企業は伝統的に、自前の技術を使って事業展開をしたいとの傾向が強いといわれている。

これを克服し、「大企業発」のベンチャーを増やすために、まず、ＷｉＬのような、大企業が新しい事業を興す場としての「出島」を10カ所程度創設することを提案したい。

「出島」は、①各企業から切り離された資金（ファンド）があり、この資金を目利き能力のある人材が配分するベンチャーキャピタル機能を持っていること、②ここでの失敗の責任は「出島」がすべてとること、③複数企業が参加して融合が行われること、を条件とする。

じつはすでに日本には、ＷｉＬ、グローバル・ブレインといった成功事例がある。ちなみに、グローバルブレインもまた、独立系のベンチャーキャピタルであるが、その投資の一部として、大企業とベンチャー企業の連携や、投資先のグローバル展開にも力を入れているところに特徴がある。こうした事例を増やすべく、政府は有能な「出島」を公募・選定し、産業革新機構からの出資などを通じて資金を提供するプログラムを創設すべきである。

また、大企業によるベンチャー企業のＭ＆Ａを促進するために、起爆剤として、「先行２０

０社のＭ＆Ａへの優遇税制」の創設を提案したい。この際、まず第一に、単に自前技術を残すための、つまり、自らの競合企業を潰すためのものであってはならず、経営のシナジー効果が得られていることが条件となる。また第二に、自前技術志向やカニバリゼーションの克服のために、外部のベンチャーキャピタリストを積極活用しながらＭ＆Ａを行っていることなどを評価・表彰したい。そして、表彰された先行２００社に限って、優遇税制（株主の譲渡損益課税の減免・繰延措置等）が受けられる制度とし、促進のスピードを競わせ、加速させる仕掛けとすれば、よりいっそうのベンチャー企業の「到着点」としての大企業が機能すると考えられる。

提言11　業法撤廃

業法に縛られる日本

日本では、多くの事業分野に「業法」が存在する。業法は、たしかに安全で円滑な事業活動のための業界ルールである。しかしこれからの時代は、一つの業法・業界ルールの枠を超えた業態・ビジネスモデルが当たり前になるだろう。

たとえば、これからは電気・ガス、電話・インターネット、ケーブルテレビなど、家庭生活に関連するあらゆるものが融合するサービスがどんどん生まれてくるはずだ。電気については、電力会社から買うだけでなく、自宅に取り付けた太陽光発電を使い、蓄電池や電気自動車にために夜に使ったり、通信機能を活用してほかの人に売ったりと、単なる電気事業の枠にとどまらないサービスも可能となる。

しかし、電気を売るには電気事業法の規制に従い、携帯電話やインターネットサービスを提供するときには電気通信事業法の規制に従うなど別々に対応していると、サービスが進化しないどころか、世界の競争にも乗り遅れてしまう。

また、新しいサービスを生み出す企業は、電気事業法や電気通信事業法の下で「許可」を受けている従来の事業者ではないことも多くなるだろう。事業開始のために改めて複数の業の許可の取得を要するなど、二重三重の参入障壁があると、スピード感のある事業展開は阻まれてしまう。

いまはグーグルが自動運転技術を伴って自動車産業に参入したように、異業種企業が関連技術を手に入れて既成産業に参入してくる時代である。既成の事業領域にとらわれず、顧客目線に立ち返り、新しい産業・ビジネスモデルを創造し、世界を舞台にサービスを進化させていく必要がある。

政官業の既成秩序がエコシステムを阻害する

現在の日本の事業環境を顧みると、業界ルールを定める業法が、業秩序形成の起点になっている。すなわち、所管官庁は業秩序の維持に努め、所管官庁と政治がいっしょになり、業界団体から業界の実情を聴取するなどして、業界の事業ルールや事業環境を改善している。業法を起点としたこうした政官業の活動により、事業が安定的に行われる点で、業法は重要な役割を担っているといえるが、この既存の業秩序が、新しいビジネスモデルの創造、新しい産業形態の創出を阻んでいるように見える。

つまり日本においては、①業法が所管官庁や業界団体等による安定的だが硬直的な業秩序をつくり出しており、②縦割りの所管官庁の仕組みの下、複数の業に跨る新たなビジネスは、複数の所管官庁の輻輳した業秩序の下で動きにくくなり、③業ごとの秩序に基づき、政官業の伝統的な組織の連携（鉄のトライアングル）があるため、新しいビジネスモデルが既存の業秩序に不利益を与える場合は、既存の事業秩序を守る力（既得権益）が、新しいビジネスモデルの成長力より勝ってしまう、④そのため、新しい業態・ビジネスモデルを創造するため必要な、業界の垣根を超えた新たなエコシステムが生まれにくい、という岩盤構造がある。

業法の撤廃が時代を変える

この問題を解決するために、既存の業秩序の下で業界概念や事業領域を固定化している「業法」の制度を撤廃してみてはどうか。さまざまな分野の事業や技術を自由に組み合わせ、新たなビジネス、商品、サービスを企画したら、業法の許可などを受けずとも、世の中に出していけるようにする。業法が想定外の新たなビジネスなどを、既存の業の枠にはめ込もうとしないことが大事である。これにより日本企業が、所管官庁の意向に気を払うのではなく、既存の業法のルールにとらわれない自由な発想により行動することが促される。

もちろん、事業に関する安全の確保などのため、規制などによる秩序は引き続き必要で、業法をなくしても別途の方法により手当てが必要である。たとえば、規制については、事業を始めるための許可要件とせず、事業開始後に規制の順守状況をチェックして法令違反があれば取り締まる組織を、業ごとではなく業横断的につくれば、業界を所管するという考え方もなくなっていき、企業の自由な発想と事業に関する安全の確保を両立させられる。

ポスト業法としての規制の制度設計を行い、日本の企業、官庁等が無意識に有しているであろう業界縦割りの意識を打破し、これからの時代に合った事業の領域をもっと自由に発想していこうとする意識の転換、常識からの解放を推進しなければならない。

第3章

イノベーションで、再起動

～ヒトづくり、場の提供が未来をつくる～

イノベーション指向社会に向けて

なぜ再び、「イノベーション」か？

最近、イノベーションという言葉を新聞や書籍でよく目にするようになった。ＡＩやＩｏＴなど日本の外からもたらされるイノベーションにより、これまでの成功モデルが通用しなくなっていることへの危機感が背景にあるのであろうが、それだけではない。

そもそも、経済成長はＧＤＰが拡大することであり、ＧＤＰとは「国内で生産された最終財・サービスへの支出総額」である。つまり経済成長は、一人ひとりの支出増によって実現されるといってよい。少子高齢化・人口減少の日本にとって、一人ひとりの支出増を促さない限り、ＧＤＰ上の経済成長を果たすことはできないわけだ。今日の日本においては、一人ひとりの支出増を劇的に促すような、既存の商品やサービスの改善を超えた「イノベーション」＝「消費を著しく刺激するような、または新市場を創出するような商品やサービスを生みだすこと」が求められている。

このように、ごくシンプルな必然性を念頭において、さらにイノベーションが増産される社会をどうやったらつくれるのか、非常に難しいテーマであるが、考えていきたいと思う。

今世紀最大のイノベーション

スティーブ・ジョブズは「携帯電話を再発明する」といってｉＰｈｏｎｅを世に送り出した。結果として世界で爆発的に受け入れられたし、ｉＰｈｏｎｅを今世紀最大のイノベーションと呼ぶことに反対する人はいないだろう。

しかしながら、メールやブラウザーが使える携帯電話はｉＰｈｏｎｅ以前から当たり前の存在ではあった。２０００年代に入る前から米国では、ビジネスパーソンはみんな「ブラックベリー」と呼ばれる携帯電話を持ち歩いていた。日本でも、ｉモードが長らく市場を席巻していた。それでもなぜｉＰｈｏｎｅはイノベーションなのか？

「画期的に使いやすくなった」「デザインが飛びぬけてカッコよかった」「マーケティング戦略が秀逸であった」等々、ｉＰｈｏｎｅの成功にはさまざまな要因がある。しかしイノベーションといえる最大の理由は、携帯電話の使い方を根本的に変えたことである。

当時、普及し始めた3G回線の力を使いこなせる小型コンピュータであったｉＰｈｏｎｅは、2G回線を使用したｉモードやブラックベリーといった「多機能な携帯」を超え、パソコン同等の機能と利便性を提供したのである。しかも、ＯＳの上で追加プログラムが提供されるようになり、第三者が続々プログラムを開発しては提供する循環が起こり、用途を広げていった。

こうしてｉＰｈｏｎｅはスマホ市場の開拓を牽引すると同時にデジタルカメラ・携帯音楽プレ

ーヤー市場を侵食し、終いにはパソコン市場の縮小をも導いたのである。

ＨＩＲＯＴＳＵバイオサイエンスという会社がある。同社は体長1ミリの線虫がにおいに敏感な習性を利用し、尿のにおいの違いから、がんを早期発見する手法の実用化を目指すベンチャー企業である。従来の血液による検査にくらべ、患者の肉体的・金銭的負荷が少ないうえに、がん発見率は高い。広津崇亮社長は生物学の研究者で線虫を研究していた。がんににおいがあることは広く知られており、世界的にはにおいに敏感な犬を使ったがん探知の研究が先行していた。広津社長がこのがん探知犬の研究を知ったことが、がんと線虫を結びつけるきっかけとなったのである。

いまから100年以上前に、シュンペーターはイノベーションを「経済発展の原動力」と指摘した。そのうえで、イノベーションを「既知のアイディアがぶつかり、失敗を恐れずに試行錯誤が繰り返されるなかで生じる新結合」と定義し、その種類を5つに分類した。

①新しい生産物または生産物の新しい品質の創出と実現
②新しい生産方法の導入
③産業の新しい組織の創出
④新しい販売市場の開拓
⑤新しい買付先の開拓

である。

イノベーションは必ずしも「(商品としての)モノ」でなくてもよく、「技術革新」でなくてもよい。いろいろなかたちの「新しい役に立つ何か」なのである。

イノベーションを必ず起こす方法はない

「新しい役に立つ何か」を生み出すことがどれだけ難しいかは、起業支援のスペシャリスト、ベンチャーキャピタルの投資行動から推測することができる。ベンチャーキャピタルは、実際に投資するにあたって100件の提案書を吟味し、そのうち実際に投資するのは1件のみである。さらに、投資を受けて起業した後、市場の荒波にもまれ、目論見どおりに成長を遂げるのは、10社のうち1~2社なのである。

そのため、ベンチャーキャピタルは企業への資本投下を何段階かに分けている。初期の段階では50%の利回りを要求する。東証一部の配当利回り(株価に対する年間配当金の割合)がおよそ2%であることに比べると一見法外にも見えるが、これが成功確率を織り込んだ経験則なのである。ベンチャーキャピタルは、起業が失敗することを前提として資金を提供し、失敗をしてもなお生き残れるリターンを求め、分散投資を継続することで発展してきたといえる。

とすれば、イノベーションを起こすための処方箋も同様に、失敗することを前提にして挑戦の数を増やすことではないか。

たくさんの新結合を生み出す社会をつくる

シュンペーターが言う「既知のアイディアがぶつかり、失敗を恐れずに試行錯誤が繰り返されるなかで生じる新結合」の数を、とにかく数多く生み出す社会をつくることが先決だ。

当たり前だが、新結合を生むのはヒトである。さまざまな困難に直面しても、試行錯誤しながら創造・判断・選択・行動できる素養を持つ人材が社会には必要だ。また、そういった人材が失敗を恐れず挑戦できる環境も必要だ。

本章では、イノベーションを生み出す社会をつくるために、まず、「自立した多様な個人」を育てる「教育」のあり方について取り上げる。教育のあり方を考えることが、じつは現在の日本に足りない部分を際立たせることでもあり、翻ってわれわれ大人に足りない要素を気づかせてくれる。

続いて、イノベーションを起こしやすい「場」を考える。多様な個人が、心理的にも物理的にも近い距離に住まい、混じり、触発されやすい環境が、イノベーションのゆりかごになる。地方都市でこそこれは可能だ。

最後に、研究機関のあり方についても考えてみたい。大学や研究機関はそもそもアイディアと新結合の宝庫であり、その潜在能力を開放できれば、とくに地方都市においてはイノベーションのブースターとなるだろう。

イノベーションにつながる教育を真摯に考えよう

ここにこんなデータがある。日本の大学生は、授業以外の勉強時間が1週間で5時間未満である者が6割を超えており、1日1時間も勉強していない計算となる（図表15）。「いまの大学生は学ばない！」とは、私たちが大学生時代から言われたことだ。

そして、いまのサラリーマンを見ても同じである。自分のキャリア目標を明確に持って働いている人は4割にすぎず、また、就職後における教育機関への「学び直し」について見ても、スウェーデンやニュージーランドといった国は5割以上、アメリカでも3割が行っているが、日本についてはたった5％未満（図表16）。後述するが、「日本型雇用慣行」が、そんなサラリーマンを拡大再生産している原因でもある。

個性のない画一的な個人であふれる日本

新卒一括採用で入社すれば、業務に必要な教育については会社が責任をもって準備してくれ

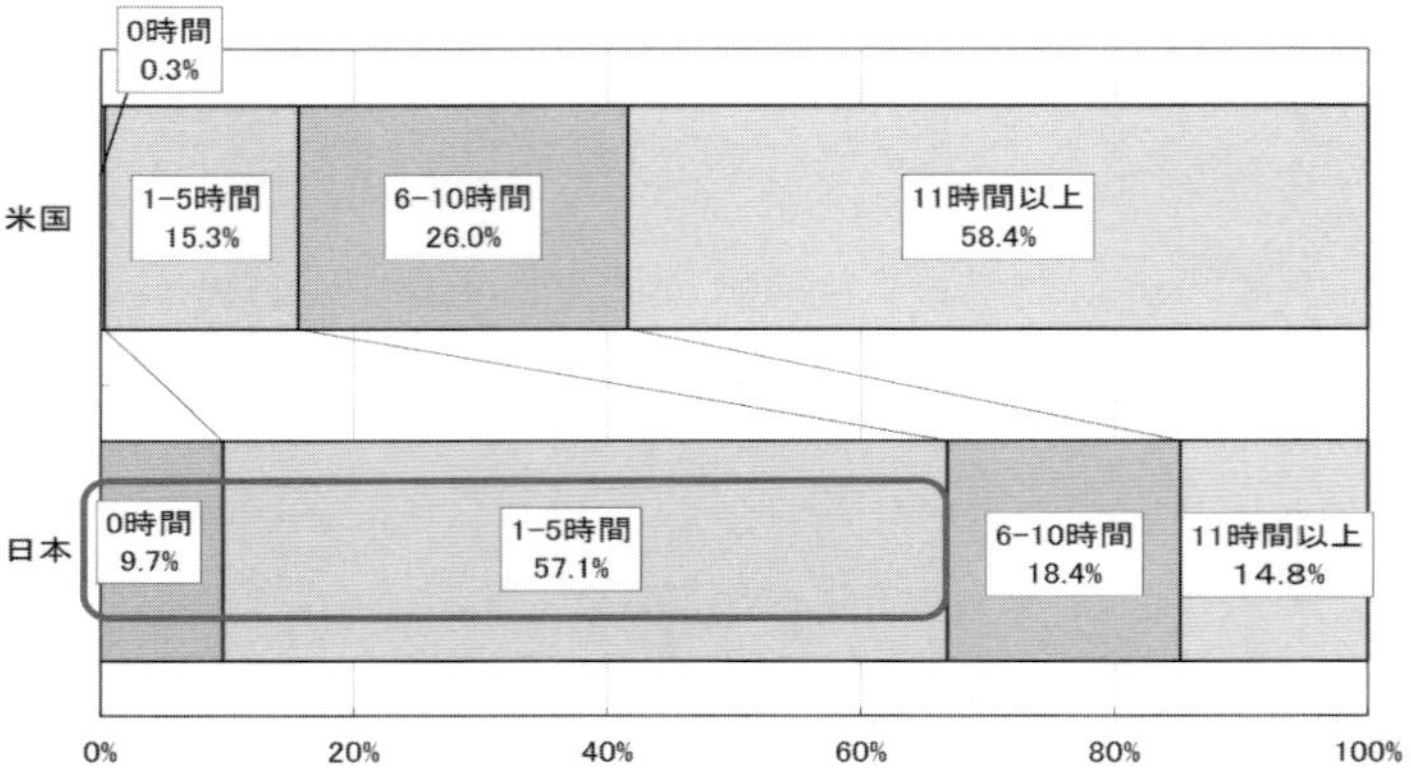

（出所）文部科学省「学生の学修時間の現状」

図表15　授業に関連する学修の時間(１週間あたり)日米の大学一年生の比較

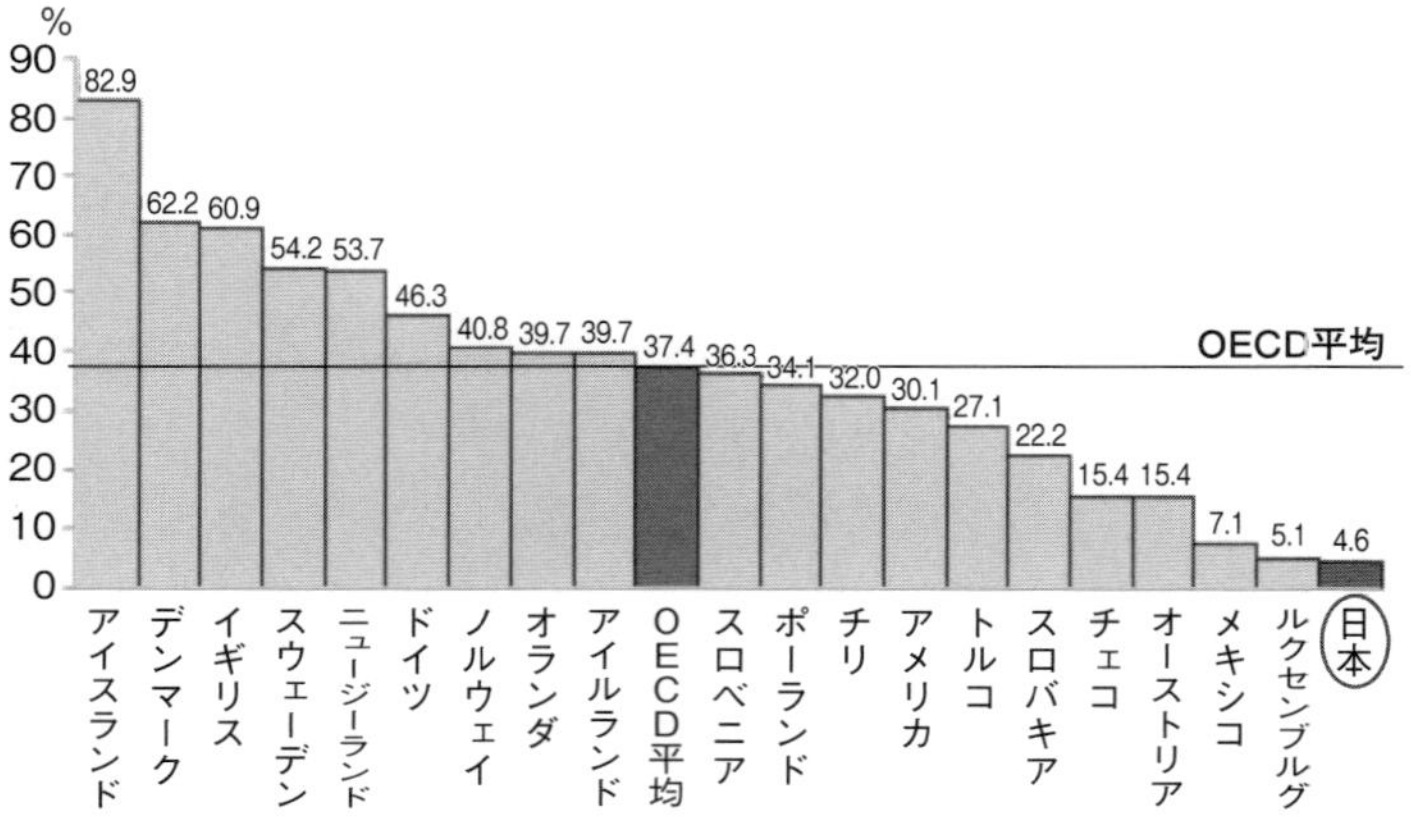

（出所）文部科学省「生涯を通じた学習機会・能力開発機会の確保に向けた大学等における社会人の学び直し」

図表16　25歳以上の短期高等教育機関への入学者の割合(2014年)

る。また、社内で経験を重ねれば重ねるほどステップアップして、収入も安定していく年功序列賃金体系があり、もし業績不振にあえいだとしても解雇されることはなく、定年まで面倒を見てくれる終身雇用制が敷かれている。これが「日本型雇用慣行」である。

良いことばかりではない。たとえば、入社後の教育は自社内で行われるＯＪＴが主体で、得た知識や技能は会社の外の世界では役に立たないケースも多い。万が一その会社を離れなければならなくなった場合、新たな企業でもう一度はじめから知識・技能を身に付け直さなければならない。

将来に至るまで家族を含めて面倒を見てくれる安心感との引き換えに、忠誠を誓う働き方が求められる。それはとりも直さず、自分の意とは反する転勤や担務変更といった指示にも従順に応じ、長時間労働を厭わず、家族との時間を犠牲にしてまで24時間働く「企業戦士」になることを意味している。

行く末には定年後の「燃え尽き症候群」が待っており、そうなれば「充実した人生だった」と振り返ることができるか、心許ない。

そもそもが大企業の採用面接では、有名大学卒という「ネームバリュー」や、体育会系で頑張ってきたという「スポ根」、さらにはその企業に対する愛社精神・忠誠心といった「熱意」「意欲」がものを言う。学生の本分である大学で何の学業に打ち込みどんな知識を身に付け、自分にどんな強みがあるのかといったことに深く踏み込んだ話には結局ならない。それほどの時間はかけずに面接は終了するのだ。

企業がその程度で、何が「自立した多様な個人」か、と自分でも笑ってしまう。ただ残念ながら、『右向け右』の個性のない画一的な人材」が、終身雇用に甘んじて目標も持たずに生きている現実がある。

もちろん数年前と比べれば、自らイノベーションを起こそうと強い信念を持って起業に挑む若者も増えてはいるであろう。しかしながら、現在も含めてこれまでの日本の教育システムは、「個性輝く教育」や「変化を生き抜く力の育成」などを掲げながらもスローガンどまりであり、結局は、大企業就職に有利な有名大学に入るべく、その入試突破から逆算した知識詰め込み型のものになってしまっている。

すなわち、大量生産・大量消費時代にふさわしい画一的で集約的な労働者に求められる能力の育成を前提とした教育が、戦後高度経済成長期から現在までいまだに行われており、その結果、現在の社会ニーズに合わない人材を社会に送り出し続けているのである。

求められるイノベーション人材とは

いま日本に求められているのは、「イノベーションを生み出すことができる人材」をできるだけ多く輩出することである。誤解のないように記しておくが、それは一握りの「天才イノベーター」をつくり出すことではない。

常に革新的な製品を世の中に出していくことができるイノベーターがまれに出現するが、そうした才能は養成して生み出せるものではない。私たちが望んでいるのは、真に個性的で、変化を生き抜く力をもち、イノベーション創出に何らかのかたちでつながる人材の教育である。

その人材は、より具体的には世の中の変化に柔軟に対応し、試行錯誤を繰り返しながら、社会の課題や顧客の潜在的な欲求を常に探し、さまざまな困難に直面しても自ら切り拓いて創造・判断・選択・行動でき、そのために学び続けることができる人材である。

ただし、一点、押さえておかなければならないことがある。それは、これからの時代に必要となる能力を考える際、ＡＩによって人間が果たす役割が変わるかもしれない、という点である。ネットや書籍では「ＡＩが人間の仕事を奪う！」「仕事の半分はＡＩにとって代わられる」などのニュースが世間を騒がせたが、今後、ＡＩやロボットの活用はますます進み、単純労働は次々と機械に置き換わっていくだろう。そのとき、人間の役割は何であろうか？　人間にしかできない能力はどう発揮されるのだろうか。

アウトカムを考えるのが人間の役割

日立製作所の矢野和男フェローは、ヒトがAIを活用していくためには、「ルール指向」から「アウトカム指向」への転換が必要であると説いている。

決められた仕事のやり方（ルール）を前提として行動する「ルール指向」に対し、「アウトカム指向」とは、何（アウトカム＝成果）を実現したいのかを考え、そのために行動することである。ルールも、何らかのアウトカムを実現するためにつくられたものであるが、ルールをひたすら守ろうとする態度は時として有害となる。「アウトカム指向」では、必要となれば、ルールを柔軟に変更することになる。

たとえば、あるスーパーの野菜売場の売り上げを倍増しようというアウトカムはどうすれば実現できるだろうか。昔であれば、売場面積を倍増するだけでよかったかもしれない。しかし、現代は放っておいても千客万来という時代ではない。社会はどんどん多様で複雑になっている。人々の嗜好も多様であり、移り気でもある。前日の健康番組の内容が売れ筋に関係するかもしれない。

健康番組の影響程度であれば、まだ売場責任者の蓄積された経験で何とかなるかもしれないが、たとえば郊外ショッピングモールの１００以上ある店舗配置を最適化して売り上げを最大化しようとするなら、月次販売データ、人の流れ、気温等々、関係しそうなデータが山ほどありそうななかで、ヒトが考えるアイディアは単なる勘にすぎず、それが本当にベストなのか、検証もできない。

ＡＩがこの問題を解決する。ＡＩはコンピュータであるから、どれだけデータを読ませてもかまわない。データに基づいて、アウトカムを実現する方法を仮説として山のように考え出し、そのうちのどれが最も適切であるのか、検証し、選び出すことができる。しかし、ＡＩはアウトカムを自ら設定することができない。解決したい問い、つまり実現したいアウトカムを的確に見つけ出し、ＡＩに指示するのはヒトである。矢野フェローはこの点を強調した。

私たちはヒトとＡＩの役割をよく理解し、ヒトでしかできないこと、すなわちアウトカムを意識した思考を鍛える必要がある。そして、未来を想像し、得たい成果を設定する力をもって、アウトカムを考えることが人間の役割であろう。

識者への取材や自分たちの議論を経て、必要とするこれからのイノベーション人材のかたちはおぼろげながら見えてきた。

私たちは学びのステージを大きく2つに分けてみる。1つは幼少期から高校までの、「土台を築く時期」と、もう1つは大学および企業での、「世の中の変化に対応し学び続け自らをアップデートし続ける時期」である。まずは大学教育の改革から提言していきたい。

提言12　教育バウチャーによる大学教育の革命

バウチャーがもたらす真の改革

まず、大学をこれからの社会の在り方を見据えたイノベーション人材を生み出す「場」に変えたい。

教育に使途を限定したクーポンを学生に直接給付し、それを教育機関への支払いに充てる教育バウチャーの導入は、これまで何回も議論されながら、課題も多く実現されていない。しかし、クーポンの給付で、現在、行政が大学などへ行っている助成金の分配システムを、一定の割合で学ぶ側の選択に委ねるかたちに変えることで、大学教育の真の改革につなげることはできないだろうか。

助成金が大学に直接ではなく学生を経由して支給されると、利用する学生数などから、教育に投資される「税金」の使い道が「見える化」されることになる。学生には学費と血税の関係への意識が高まり、向上心や学習態度へのポジティブな影響が期待できる一方、教える側にもその効果は現れるはずである。

教育バウチャーの導入による改革の結果、大学教育が社会のニーズに合った人材・能力を育成するマーケット・イン型に変容することが期待される。学生は自立の基盤たる専門性を習得し、また産業構造が変化するなかで求められる能力に応じた「学び直し」も可能とする。職場と大学・学びの場を自由に行き来し、多様性を育む「自育」、すなわち自分を育てる環境、本当に学びたい人が学びにいく環境が構築されることが期待される。

バウチャー方式の制度設計

まず大学助成金の一部をバウチャー原資に充当し、学び直しを希望する社会人を含め、高校を卒業した日本国籍を有する者に、一定額に達するまでバウチャーを毎年配布する。

次に、バウチャーは、その宛先とされた大学などの教育機関のみが現金化することができる。バウチャーは定額給付ではなく、学費の一定割合に充てることができるものとし、学生は自己負担もしながら、大学の提供する教育の質を判断し自らの求める大学を「選択」していく。無条件ですべての学費を公的負担とするいわゆる無償化とは異なる。

最後に、基本的な教育品質を満たす教育機関のみがバウチャーを現金化できるものとする。具体的には、大学設置基準（文部科学省が省令で定めた、大学を設置するのに必要な基準）などを基に、在学者数に対する教員充足率なども加えた指標を定め、外部機関による評価を受けるものとする。

バウチャーを機能させるための環境整備

こうしたバウチャー方式を通じ、学生の選択を可視化して大学経営に反映させることは、実質的な影響は運営費の一部に限られるとしても、今後の大学の在り方に対して大きなメッセージ性を持つことになるだろう。

しかしながら、単に助成金をバウチャーに分割して支給するだけでは、入学者数が多いという理由だけで受け取る助成金の額が増えることになり、入学生の質や教育の質にかかわらず単に定員数を増やすことになり、有名大学が金銭的に潤うだけというおそれがある。

大学教育の質の抜本的な向上を図るためには、教育バウチャーをテコとしつつ、これからの社会を切り拓くために求められる能力と大学で身に付けるべき能力のミスマッチを改善する3つの取り組みを併せて進めたい。

まず第一に、企業のジョブ・ディスクリプション（職務記述書：具体的な職務内容や職務の目的、目標、責任、権限の範囲などが明記されている）をインターネットなどで公開することをコーポレートガバナンス・コードで規定する。これにより、学生・社会人は自らに求められる能力が何か理解でき、大学はそうした能力の育成につながるカリキュラムなどの検討に役立てることができる。

第二に、各大学には卒業生の就職実績や各種資格試験合否実績などの公表を義務付け、学生に選択の材料を提供させる。企業などから常に「これからこの職業で求められる能力（ジョブ・ディスクリプション）」の意見を聴取し、カリキュラムに反映することで、大学の学部・学科ではどのような力を身に付けることができて、どういった職業で活躍できるのかを明瞭にさせる。

第三に、国が、教育内容がどのような能力の育成に寄与しているかを検証するため、大学における学習履歴と社会生活における能力の発揮との関係を、必要に応じＡＩも活用しながら分析し、その結果を公表するとともに、大学教育の改善に生かす。

この３つの取り組みにより、企業や社会が求めるスキルと大学の教育の質が「見える化」され、大学教育の世界に質の向上に向けた競争原理が大きく作用することが期待できる。職業生活や社会生活で必要となる能力を育成提供する大学が、社会のニーズとマッチしているか、常に世の中の厳しい評価を受けることになる。

大学助成金に占めるバウチャー比率を順に高めていくことで、少子化が進む現在の日本において、社会と学生に選択される魅力ある教育を用意しない大学と学部は生き残れなくなる。

淘汰の好循環が生まれれば、社会・経済が直面する課題がさらに深く大学のカリキュラムなどに反映されることになり、大学教育はイノベーション人材育成の中心に位置づけられていくのではないか。

提言13　公立の地域密着・寄宿型の一貫校の設置

中等教育（中学校・高校段階の教育）に求めるもの

次に、「土台を築く時期」への提案である。決して即効性のある提案ではないのはもちろんだが、時間をかけて日本を変えることで、イノベーティブな人づくりと国づくりを完成させたい。

まず、中高生に対して土台として身に付けさせたい力を「社会や他者の潜在的な課題やニーズを見つけ出し、理想的な解決策を考える力」と設定する。この力はイノベーション人材の素養であると同時に、社会課題や顧客の欲求に応える経営者やリーダーの素養でもある。実はすでに、小中高のカリキュラムに導入されており、「総合学習（総合的な学習の時間）」で、課題の発見・解決能力の育成が目指されている。

小学校では、地域学習や自然体験などの時間としてさまざまな教材が開発され、多様な学習が展開されているが、中学、高校に進むにつれて当初の意図が達成されていない。各教科の専門家である中学・高校の教師にとっては、教科を越えた課題解決的な学びを展開するために必要な教材や指導事例が限られており、受験を目の前に控えた生徒には学ぶ意義が実感できないという事情があるのだろうが、結果として、大半の生徒が「総合学習」を進路指導や自習のための時間のようなものとして受け止めている。

しかし、本来的には課題を解決するのは楽しいことであると、子どもたちに教えたい。そして願わくば、課題を解決するために、必要な知識を身に付けることを厭わない姿勢を身に付けさせたい。この力は、小さな課題解決を実際にワクワクして楽しむことで養われる力であり、決してテストで測ることのできない力であろう。

そこで私たちはモデル校として各都道府県に少なくとも一校の公立の寄宿舎型の中高一貫校を設置し、そこでその地域に密着した「総合学習」の教材をつくり上げ、教師もともに学び、周囲の学校のお手本とすることを提言する。

寄宿舎型中高一貫校の持つ意味

寄宿舎型とするのは、解決すべき課題は日々の生活の中からこそ生まれる、という理由による。また、中高一貫とするのは、中学から高校まで一貫したカリキュラムをデザインすることにより、時間的余裕を生み出すことを狙いとする。

さらに近年では優れた教材がビデオ化され、生徒は自分のペースで好きなだけ学ぶことが可能になりつつある（後述の「Ｅｄテック」参照）。この力を借りて、生徒個人の関心や理解度に合わせてより効率的に学習することができる。寄宿舎型中高一貫とＥｄテックで時間をつくり出し、より多くの時間を「総合学習」に振り向けたい。これなら、「総合学習」を体験していない親世代にとっても、安心して子どもに学びを与えることができる。

地域密着型の総合学習

少子高齢化のなかで地域の活性化をどう図っていくのか、グローバル化のなかでいかに存在感を発揮するのかなど、今日課題のない地域は存在しないし、解決策に唯一無二の正解も存在しない。生徒たちは、自分の住む地域の課題を自分事として受け止め、地域の人々とふれあい、足りない知識を自ら補い、同年代の子どもたちの多様な意見に接し刺激を受け、自分なりの結論を導いていけるようにならなければならない。

教師は生徒たちとともに課題解決の過程を楽しみ、解決策を先に教えず、必要な知識を得るためのファシリテーターに徹し、生徒たちの試行錯誤を励まし、意味のある体験に導いていくことを目指す。課題を変えて何回か繰り返せば、生徒たちは「社会や他者の潜在的な課題やニーズを見つけ出し、理想的な解決策を考える力」を身に付けるだろうし、教師は生徒ともに成長しノウハウを身に付けるはずだ。

Ｅｄテックとアクティブラーニングで学び続ける力を養う

このような学校はすでに海外にも、そして国内にも生まれ始めている。多様な人材のぶつかり合い、および課題解決型の全寮制の先行事例として、２件ほど事例を紹介したい。

世界で一番最先端で最難関といわれる大学、ミネルバ大学をご存じだろうか。ミネルバ大学はカリフォルニアに本拠地を置きつつ、「Ｅｄテック」を駆使しながら世界の７都市に滞在して学ぶ全寮制大学である。Ｅｄテックとは、その言葉どおり、テクノロジー（Technology）を使った新しい教育（Education）のことである。

大学本来の学びを取り戻し、真のリーダー育成を目指す同大学のカリキュラムは、予習型を特徴としており、授業は、アクティブラーニングフォーラムというオンラインシステムを活用し、議論を中心に進められる。放課後には地域や企業のリアルなプロジェクトに携わり、学びを実社会で生かす経験を積んでいる。

ミネルバ大学の大学生数名と将来のビジョンなどのディスカッションをする機会を得た。世界各国から集まった彼らの、絶えず学び続けようとする意欲と、キラキラとした瞳にまず驚かされた。彼らは、強い内的動機づけを持ち合わせ、問いを見いだすこと、多様な意見を混ぜ合わせ、新しい価値を生み出すことにすべてのエネルギーを投入しているように見えた。最先端のEdテックと人間ならではのぶつかり合いという相反する学びの融合が、新しい価値を生みだす予感を感じた。

次に、日本の事例である。来年4月の開学準備を進めている全寮制の広島県立中高一貫の叡智学園では、グローバルリーダー育成のための最先端の教育を目指している。

世の中の変化が激しいなかで、答えではなく、絶えず問いを見つけ、学び続ける力の育成が最も重要であるという理念のもと、世界基準の「国際バカロレア・ディプロマプログラム」を採用し、世界に目を向けている。

全寮制により海外留学生とともに全人教育を目指す。ここでもミネルバ大学と同じように、イノベーションの源泉は子どもによって異なるため、目標の共有と対話が重要であり、プロジェクト学習、アクティブラーニング、地域とのかかわりに重点をおいた教育を目指している。

私たちは公立の地域密着・寄宿型の一貫校を各都道府県に1校設置することを提案したい。さらに、47都道府県の地域の特性を生かした総合学習の進化を促進させ、優良事例を共有する場も設けたい。また、各都道府県ごとに生徒の地域交換留学を図り、日本国内での多様な地域性のぶつかりあい・触発を促していくことも、同時に目指したい。

さらには、中高一貫であるメリットを生かし、海外交換留学制度を取り入れたり、海外の学生との交流も検討していくことも可能だと考える。

提言14　小中学生からの「経済教育」

「付加価値とは何か」を子どもと議論しよう

イノベーションとは、いままでにない新しい役に立つ付加価値を生み出すことをいう。しかしながら、実は私たちは、「付加価値とは何か」「なぜ付加価値が大事なのか」をきちんと学校で勉強したり考えたりしてこなかった。付加価値をテーマに議論してもかみ合わなかった経験をした者も多い。

大学で経営学や経済学を学んだ人間じゃないと、財務諸表について議論ができないのと同じく、付加価値を議論する土壌は簡単には生まれない。そんな私たちの事情とはお構いなしに、付加価値はどんどん複雑化し、曖昧模糊としたものになってきたように見える。

モノがあふれ、人々の本質的欲求が見えにくくなる一方、少子高齢化をはじめとして、将来的には数多くの課題を抱える日本には、おそらくこの場所でしか生まれない付加価値を発見し、磨き上げて、ブランドにまで高めることが必要とされているはずだ。おそらくこれができなければ、世界とは戦えない。

翻って子どもたちの教育を考えたときに、私たちは、長期的な展望のもと、小学校時代から付加価値の重要性を実感させることが必要ではないかと考えている。

ネットゲームをはじめとしたデジタル・エンタテインメントが巷にあふれており、子どもたちの興味を奪っている。しかし彼らはまだ、デジタライゼーションが、実は新しい付加価値を生み出すための手段であり、それ自体が付加価値でないこと、社会がデジタルをベースに大きく変わりつつあることに気づいていない。そんな彼らには、自分が一介の消費者にしかすぎないことも理解させる必要がある。

さらには、大人たちは生産者でもあり、自分も社会に出れば生産者になること、そして、最終消費者が求める付加価値があり、それをめぐって経済が回っていることを学ぶ必要がある。それこそがいまの時代の「経済教育」なのである。

親と子どもは社会の仕組みや経済の働きについてもっと対話できないだろうか

あなたは日ごろから、家の中で子どもと職場の出来事や仕事内容について対話をしているだろうか？　家庭の中で、子どもの将来を考える際の親子の会話は、テストの点数や成績表、学校の先生や塾講師との相性ばかりではないだろうか？？

あなたは、有名高校や大学への入学、その先の人気就職先をぼんやりと希望しているだけで、かつて発した「将来、何になりたい？」の問いに対する答えは、いっときの夢として大事に扱われず、いつのまにか忘れ去られてしまってはいないか。そのうちには親子ともども成績表や偏差値だけしか目に入らなくなる。その結果生まれるのは、自身の進路設計に消極的であったり、指示待ち型の人間だろう。

社会にはどんな種類の仕事が存在し、仕事と人の関係はどうなっているのかなど、親は子どもが小さい頃から毎日の会話の中できちんと教えるべきだろう。モノやサービス、お金の流れを理解させたうえで、自分がそこにどうかかわるのか、具体的にイメージさせる。将来の就業について親子でいっしょに考えるといった環境をつくることが重要だ。

小・中学校には現在、「職場体験」といった教育プログラムを用意して、子どもたちに社会にはどんな種類の仕事があるのかを紹介し、仕事を実体験させ発表会などで体験談を述べさせる場はある。しかしおそらく長くて数日の「体験」にすぎず、ボランティアとして協力する企業や店舗が学校と連携して取り組むにしても限界がある。職場体験は子どもたちにとって貴重な機会ではあるが、将来、自分が就く職業として意識するまでには至らず、「あのお花屋さんでお手伝いをしたことがある」レベルで留まっているように思える。

「経済教育」の普及を目指すＣＥＥジャパン（Council for Economic Education - Japan）という組織（一般社団法人）がある。彼らの活動内容は以下の通りである。

人は、他人が仕事を通じてモノやサービスを与えてくれるから生きていける「消費者的存在である」と同時に、自分も仕事を通じてモノやサービスを与えて他人を生かしている「生産者的存在でもある」ので、私たちが住んでいるところは、仕事を通じてお互いに助け合って生きている共存社会である。

一方、それらモノやサービスのすべては地球上バラバラにある資源を材料にして作られているうえ、それらの資源は有限なので、人は欲しいものがすべて手に入るわけではなく、他国と交渉しながら選択的に使わざるを得ない。社会は共存関係であると同時に選択的であるというやおうない経済的な関係の中にある。ＣＥＥジャパンは、「経済を学術理論の経済学として捉えるのではなく、経済は生活そのものであり、日常の出来事として実学的に捉えることこそ人が社会で積極的に生きていく力になる」と考えている。ＣＥＥジャパンが開発した経済教育の教材も「人生は選択の連続である®」というタイトルで、難しいと考えられている経済問題を身につまされるごく日常的な出来事として取り上げ、肌身感覚で理解できる仕組みに変えて実践している。

「個人」と「社会」とのつながりこそが経済であると子どもたちが実感できれば、自分が勉強していることと将来とのつながりも明確になるだろう。その結果、学びへの動機付けも強化されると思う。

親もこの経済教育の担い手になることが必要である。ごく日常的な親子の会話のなかで身近な話題として「経済教育」を語りながら、模擬ではあっても「リアルな商売」を体験し、自分自身の適性を感じ取り、そこから将来の仕事を夢見させ、それに向かって改善（勉強）させることが大切ではないだろうか。

親を育てる教育セミナーも実施

では、家庭で子どもたちへの経済教育をどのように行うか。当然のことながら、まずは親が当事者意識をもって子どもに対して、経済を絡めた世の中の仕組みを本気で説けるかがカギである。

そのためには、すべての親が必ず学ぶことのできる機会を設けたい。子どもの義務教育開始直前、たとえば就学前健診の際に、親自らが社会の変化に敏感になって教育の担い手としての自覚を持つことの重要性を教え、経済教育のメリット、成功事例および子どもとの接し方などをレクチャーする「親のための教育セミナー（仮）」を実施することを提案したい。その場は、親自身が社会を経済という視点で捉え直すことをうながし、自らのライフデザインを真剣に考えるきっかけにもなるだろう。

親自らが、子どもへの経済教育に真剣になり、家庭内での教師役を務めていく環境をつくっていけば、学校や塾に子どもの将来を丸投げする日本は変わっていくのでないか。

小中学生インターン制度が未来の日本を強くする

次にリアルな就業体験の場として、小中学校のインターン制度を確立したい。ただ、いきなり各小学校に「インターン実施先を確保せよ」では乱暴である。また、形ばかりのお手伝いとなってしまっては必要な力は身につかない。まず自治体が主導して、子どもたち自身が地域のニーズを調査し、商品開発したものを販売する雑貨屋・飲食店混合の店舗をプロジェクトとして建設する。子どもたちもその店舗の販売員として一生懸命働き、親もともに働く。

親は子どもに与えられた仕事のスキルアップをサポートし、次のステップに向けた準備を進める。どうすればお客さんを満足させ、店の売り上げを伸ばすことができるのか、各家庭で親子は考え、改善策をひねり出し、その成果物を学校の授業でみんなで議論し、自治体担当者と教師と親子で次の一手を考える。

「ママと考えた新メニューをお店で出したい」「そのための野菜は○○さんから仕入れたほうが安くておいしい」などの議論を日々の実体験から各家庭で家族全員で繰り返す。教師も親も経済の仕組みをしっかり頭に入れておかないと、より良いアドバイスができず、子どもたちの期待に応えられない。

親だけではなく、祖父母や近所のお年寄りをペアリングすれば、地域の輪が広がるきっかけにもなる。地域の子どもたちを応援する高齢者を募り、割引券を自治体が配布し、常に人が集う場をつくっていく。プロジェクト店舗にはスキームに賛同するスポンサー企業を誘致し、新商品試行の販売所として安価に製品を提供してもらい、小中学生の意見を取り入れた「売れる商品」の開発を真剣に検討してもらう。

小中学生を働かせることに、異論も多く出るであろう。勉学に取り組むべき時期に働くなんてと反対する親も多いかもしれない。しかし働くことは世の中・社会を学ぶことであり、その後の人生を選択するための大切な授業の一環であるとも考えられる。

日本経済が将来にわたり強く明るくなるためには、家庭とともに変化していく取り組みが必要なのではないだろうか。

イノベーションの「場」としての地方都市

イノベーションが起きやすい場所とはどんなところか

起業支援センターやインキュベーションセンターと呼ばれる施設がある。起業を目指す人々を対象としたレンタルオフィスのことである。地方自治体や教育機関が運営していることが多く、法律や税務など起業に必要なアドバイスを受けるための専門家窓口を併設していることが多い。起業を目指す人々が集まると、新たな結びつきが生まれたり、時には摩擦が生まれたりすることは容易に想像できる。

ただ、サポート機能を備えたシェアオフィスがあることだけでは起業やイノベーションを生み続けるには十分ではなく、集まる人々に刺激を与える人々（先駆者やコンサルタント）、人材やアイディアを供給し続ける研究機関や、アイディアを評価し具現化する手助けをする投資家（ベンチャーキャピタルや企業）が必要である。

このような意味で、日本の「地域」や「都市」は、イノベーションを起こす「場」となり得ているだろうか。また、事業の成功に必要な要素であるヒト・モノ・カネ・情報のすべてが集中する東京は、十分その牽引役となっているのだろうか？

提言7（75ページ）では、「東京サンドボックス」という名で、東京がオリンピック・パラリンピックで試される新しい技術やサービスの実装を進めながら、世界の投資を呼び込み、日本経済を牽引することを期待している。しかし他方で、東京一極集中の弊害もあり、災害に対する脆弱性や通勤地獄による人々の疲弊、余裕のなさ、さらには、出生率が低いにもかかわらず人口が集まることで更なる人口減少が引き起こされているといったデメリットも目立ってきている。

片や地方都市は、そもそも人口減少などの社会課題に対して危機感がより強い。そのうえ、①域内に利害関係者が少ないために意思統一が容易であり、②経営資源をコンパクトに集積しやすく、③生活環境に余裕があることなど、東京よりも「場」として好条件が揃っている。地方都市が自ら革新を遂げ、イノベーションの「場」、すなわち、「イノベーションシティ」となってほしいと、私たちは願う。

理想のイノベーションシティとは、新たな市場価値創造に挑む人が、利便性の高い都市にコンパクトに集積し、アイディアを生み、各種支援サービスを受けながら、効率的にアイディアの商業化・産業化、社会実装を試みる場が提供される都市である。とくに社会課題に対するイノベーションは、社会実装を通じて試行錯誤することにより技術とニーズが結びつけられる。

たとえば、福岡市のオンライン診療の社会実装の例がある。オンライン診療とは、医師と患者との間をビデオ通話でつなぎ診断を行うことであり、2018年より日本に導入された。制度導入前は、とくに医者が不足している離島やへき地での活用が期待されていたが、実際の導入にあたって福岡市では、地域に看取りの患者を抱える街の開業医が利用価値を見出した。年配の自宅療養している患者が病院に出向き診察を待つ時間を減らすことができ、担当医もより多くの患者に時間を割くことができるようになったのである。

自治体は関係者に動機付けを行い、参加・協力を促し、必要な規制の調整を行うことで、イノベーションの活性化を促せる。その活躍する余地は大きい。

イノベーションシティとなるためには

とはいえ、1724にものぼる日本の市町村すべてに「イノベーションシティ」としての役割を期待することは現実的ではない。世界中から人材や資金、情報を集めるためには、周辺地域も含めた一定の人口・経済規模、国際空港との近接性、教育・研究機関、都市機能の集積が必要である。これらの要件を満たす札幌、仙台、広島、福岡といった政令指定都市が有力候補であろう。

リーダーシップの存在も重要である。元祖イノベーションシティといえるシリコンバレーの初期のリーダーは研究者であったが、あえてここでは、「イノベーションシティ」創出の担い手として、その都市の「首長」の役割に期待したい。地方自治体には、経済成長やイノベーションを後押しする広範な権限がある一方で、その権限をいまだ十分に発揮できていないと考えるからである。すでにこれまで各自治体は、ベンチャー支援や技術開発のためのファンドの創設、公共調達における新技術導入企業の優先等さまざまな政策に取り組んでいる。しかし、それらの政策が十分に成果を上げているかどうかは検証する必要がある。世界から選ばれる「イノベーションシティ」になるためには、自治体自身が「イノベーション」を実現することが必要である。ここでは、そのヒントとなる国内外の都市を見てみよう。

元祖・イノベーションシティ――シリコンバレー

シリコンバレーは、米国カリフォルニア州北部のサンフランシスコ・ベイエリアの南部、サンタクララバレー一帯に位置している。大都市との喧騒とは一線を画した田舎であり、街はコンパクトである。その名は半導体の主原料であるシリコンと地形（渓谷）に由来し、アップル、インテル、グーグル、フェイスブックなどの錚々たる世界的企業がここから生まれている。

ここで起業した企業の約半数は、創業時に移民が含まれていると言われている。知らない人間同士が知り合いになり、人脈を拡げることができる環境があり、現在でも、その魅力に引きつけられて多様な人間が集まり、よりいっそう多様性が増すという好循環が続いている。

シリコンバレー発展の歴史はターマン副学長によるスタンフォード大学の改革と知の開放に端を発する。「優秀な学生はベンチャーをつくれ」「教授はスタートアップの役員になれ」「大学の知財はオープンソースだ」「ビジネスの成功は研究者の成功だ」……。これらターマン教授のビジョンのもと、アカデミズムと冷戦下の軍需需要が結びつき、ベンチャーキャピタルを育て、さらに半導体ビジネスを生み育てることで初期の発展を成し遂げた。

チャレンジ市民を後押し――福岡市

目を転じて、日本の動きを見てみよう。

福岡市は高島宗一郎市長が２０１２年にスタートアップ都市を宣言し、同市のスタートアップカフェからはここ数年で１５０以上の企業が生まれ、開業率は全国トップクラスを誇っている。外国人創業人材向けビザを最初に支給し、これまでの国内申請分では福岡市が全国1位であり、多様性を備えた外国人を引きつける。

市はこれまで、起業を目指す人がアイディアの着想・事業計画の作成・資金調達と実際の起業までのすべてのステージで事務所として利用できる場を提供しており、官民で組織した支援チームの支援窓口もここに集積している。また、国家戦略特区制度を利用し、スタートアップ法人税減税や法人設立手続きの簡素化など起業を促進する施策と、航空法・都市公園法・医療法の特例など起業環境を整える規制・制度改革を行ってきた。これらの施策の背後には「イノベーション事業の主役はあくまでも挑戦する市民である」という考え方があり、自治体はあくまでも場所やノウハウ、ネットワーク等の提供といった環境整備に徹していることが特徴的である。

それだけでなく、福岡市にはそもそもイノベーションシティとなる素地が、市の歴史とともに育まれてきた。福岡市の子どもたちは親から「福岡市こそはアジアの玄関口である」といって育てられるそうだ。隣接する北九州市が明治以来の殖産興業で二次産業の都市として発達する傍らで、商業・交通・教育、そしてＩＴ産業を中心とする三次産業の都市であることを市民が選択した。

職住が近接しており通勤時間が短く、考える時間や遊ぶ時間といった「余裕」を確保できるコンパクトな都市であること、東京からの距離が微妙に離れていて、東京に影響されすぎないこと、その一方で、海外との距離が絶妙に近く刺激を受けやすいこと、家族と過ごす時間を大切にする文化を持つ外国人にとっても便利で受容性が高く住みやすい都市であること、適度に独立した消費市場（人口157万人）を有し、かつ好奇心旺盛な消費者が多いため、企業がテストマーケティングとして新商品を先行投入することなど、知れば知るほどイノベーションシティである。

「モノづくり」に立脚、選択と集中の道——広島県

広島県は県全体でイノベーションに取り組んでいる。湯崎英彦広島県知事は2009年に就任後、イノベーションによる新たな価値創造を経済成長の柱とするビジョンを掲げ、2014年度にはGDP実質成長率において、国内トップとなる2・5％を達成した。施策の柱は、①イノベーションファンドを創設し、地元成長企業へ県自ら投資すると同時に民間投資を呼び込むこと、②自動車、航空機、医療・福祉と広島県の強みを生かせる産業分野に集中すること、③産官学連携の強化を図ることの3点である。

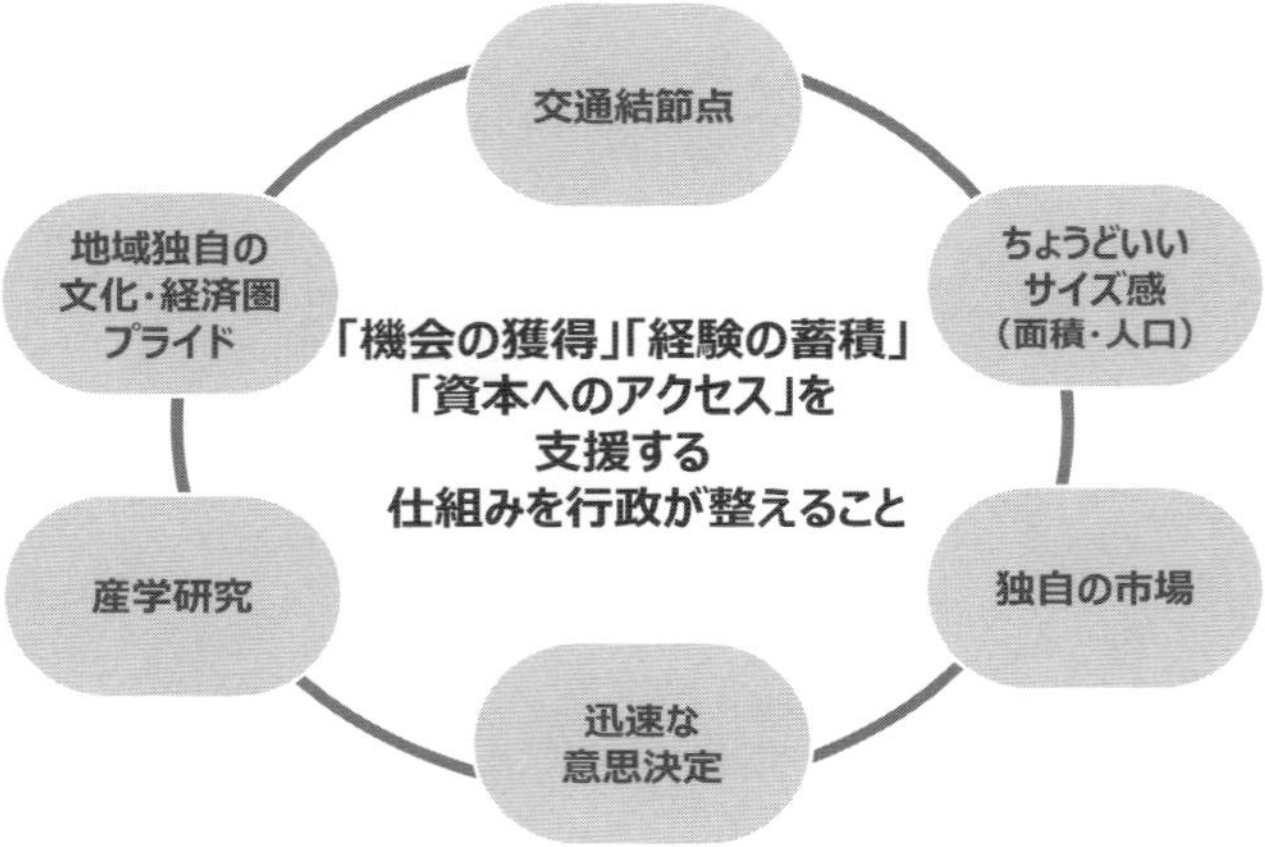

図表17　イノベーションを生む地方都市の要件

なかでも地域のグローバル企業であるマツダの「モノづくり」のノウハウを他の製造業者に適用し、プロセスイノベーションを起こすことを中核に据えている。2017年に広島中央サイエンスパークに「ひろしまデジタルイノベーションセンター」をオープンし、安価なスパコン利用とセットにして地元企業に提供している。

また県庁所在地であり、県人口の4割以上が集中する広島市が、四国・山陰地方との交通の結節点であり、歴史的にヒト・モノが集まりやすく、120万人ほどの消費市場を形成していることも見逃せず、先の福岡市との共通点も見いだせる。

以上の3地域の学びから得られた「イノベーションを生む地方都市の要件」を図示すると次のようになる。（図表17）

提言15 世界から選ばれる「イノベーションシティ」を

自治体経営から地域経営へ

日本の地方自治体は産業振興などの経済政策だけでなく、教育、福祉、社会資本整備から、警察・消防に至るまで、幅広い役割を担う。人口減少により今後、税収が減る一方で社会保障関係経費は増加の一途を辿る。このような「自治体経営」の制約条件があるなかで、経済政策やイノベーションの促進に公費投入を増加させることには当然、困難が伴う。行政分野ごとの予算配分を大きく変えれば、予算の減少する分野に関係する住民の強い抵抗に遭う可能性もある。

しかし、「自治体経営」よりも高く、「地域経営」の視点に立てば、イノベーションを促すことは、新たな人の流入を呼び、将来の税収増にもつながることに気がつく。また、住民の間に地域への誇りを生み出すことにもなるだろう。また、地域経営の視点からは、補助金や税の減免により公費を投入することだけでなく、民間資金を活用することや、規制緩和や行政手続きの簡素化・迅速化によりビジネス環境を整備すること、ベンチャーと地域の金融機関や企業とを「つなぐ」ことも、地域の「経営資源の活用」である。イノベーションを促すための政策ツールは多様であり、各地域の特性に応じてこれらを活用し、成果を上げてほしい。規模感のある自治体の首長には、ぜひ地域の経営資源（ヒト・モノ・チエ・カネ）を有効活用して、特色のあるイノベーションシティを目指してもらいたい。

地域の消費市場こそが起業のゆりかご

ヒトは2つの意味で重要である。まず、新たな発想で新たな付加価値を市場に提供する挑戦者としてのヒト。挑戦者たちを育む風土を大切にし、挑戦者たちを積極的に育て、集約し交流する機会をつくる。必要なサポートを組織化する。ヒトが自然と集まりやすい場所に、ヒトを集め、ヒトが集まるきっかけを提供することが大切である。

もう1つは市場としてのヒト。起業家は、顧客自身がまだ認識していない顧客のニーズを見いだし、それを商品やサービスにして市場に問う。提供される新たな商品やサービスに、新たな価値を見いだすか否かは市場が判断するのである。規模感のある地域の消費市場こそが起業のゆりかごになる。

選択と集中！

私たちは福岡市と北京の精華大学の2つのインキュベーションセンターも訪れている。双方とも、まるで部活動のような熱心さで机に向かいチエを絞る起業家たちを目の当たりにし、その規模と熱量に驚いた。これに対して、広島県は地域のグローバル企業マツダのモノづくりのノウハウを他の製造業へ横展開するプロセスイノベーションを中核とした企業連携を選択した。

重要なのは経営資源をどこかに集約することである。世界の都市間競争で勝ち抜いていくためには、有限の経営資源をその地域にあった特定の分野に集中的に活用することが得策である。そのためには犠牲にしなければならないものがあるかもしれないが、意思統一が比較的容易な地方都市の首長こそ、その決断ができるはずだ。

カネは挑戦者へ重点配分

カネの使いみちは主に2つある。一つ目はアイディアを具体的に事業化するために使う方法、二つ目は挑戦者自身を支援するために使う方法である。前者はベンチャーキャピタルを呼び込むなど民間資本を最大限活用し、自治体には、民間資本が及びにくい後者に重点を置いてほしい。

たとえば、①起業家・投資家に対する税制上の優遇措置を実行することにより誘致を図る。②不安定なスタートアップ企業の創業・勤務を生活基盤の面から支援するため、これらの社員向けに低廉かつ快適な公営住宅の拡充を行い、公共施設への交通機関網を整備する。③大学施設を起業家・投資家に開放し、産学・産産協働および相互触発の機会を提供する。④ボーダレスでのアイディア集積を目指し、日本語に加えて英語を公用語とし、外国人起業家の定住権を認めるなど。また、一歩進んで、地域のインキュベーションセンターに入居している挑戦者は、入居期間中の年金や健康保険料について、自治体が相当額を支払うというのはどうだろうか？収入の有無にかかわらず支払い義務がある年金や保険料は、それだけで挑戦する意欲をそぐものである。一見些細な話に思えるが、挑戦者個人の目線で、挑戦へのハードルをできるだけ下げることは必要である。

イノベーションシティ・ランキングを公表してチャレンジする首長を後押ししよう

最後に、「イノベーションシティ・ランキングの公表」を提案したい。

これにより、市長をはじめ、都市関係者の奮起と切磋琢磨を促し、チャレンジする首長を後押ししたい。具体的には、三大都市圏以外の政令指定都市（札幌、仙台、新潟、静岡、浜松、岡山、広島、北九州、福岡、熊本）について、イノベーションを促すための政策の実施状況を数値化し順位付けする。

その際には、政策の実施状況だけを対象として行政の「やったふり」を許すことのないよう、創業件数、雇用創出数、生産性の向上といった「成果指標」を盛り込むことが重要である。また、電気料金の水準や、３Ｄプリンターやスーパーコンピュータの利用の容易さなど、ビジネスを行う側から見た環境についても評価項目に加える必要がある。

類似のものとして、株式会社ブランド総合研究所による「地域ブランド調査」があるが、これは、全市区町村を対象に、そのイメージなども含めて幅広く調査し、ランク付けするものである。私たちは、「経済」、「イノベーション」に特化して、都市の努力とその成果の見える化を図りたい。

コラム●究極のイノベーションシティ――202X年　伊野部市の日常風景

月曜日の朝、カーテンから差し込むやさしい光で自然に目が覚める。子どもを起こす妻の声が聞こえてくる。今日も私はお休みだ。ここ伊野部市では、週休４日が当たり前である。

やがて家族揃っての、にぎやかな朝食がはじまる。今日のメニューはトーストと目玉焼き、そしてサラダ、フルーツだ。野菜とフルーツは、最近ここで流行っている、「自動野菜・果樹育成セット」の成果物だ。きゅうりやトマト、イチゴやスイカが家の中で全自動で育成されるのだ。味は抜群で、眺めているだけでも幸せな気分を味わうことができる。言い忘れたが、伊野部市では風力・太陽光発電、蓄電池を設置し、再生エネルギーによる電力の１００％自給自足が実現している。なので、電気をいくら使用しても電気代はタダである。

あわただしく朝食を済ませ、子どもたちを学校に送り出す。さて、今日は何をしようか？　妻も今日はお休みだったはずだ。天気もいいし、久しぶりにランチと映画に誘おうか。

11時に家を出て、最寄りのバス停留所に向かう。すぐに自動運転のＥＶバスが来る。こちらも料金はタダ。しばらくすると、目的地である市の繁華街に到着する。味が良いと評判のオシャレなイタリアンレストランでランチを食べた後、最近できたばかりの参加型バーチャルリアリティ映画を楽しむ。

週休４日で、なんでそんな贅沢ができるのかって？　その秘密は、私が伊野部市民ということにある。伊野部市には、市民のあらゆる行動を有益な情報として収集するＩｏＴアクセススポット、カメラ、ＧＰＳ、生体認証決済システムなどが張り巡らされている。市民は普通の消費生活を送ればいいのだが、これらの個人情報を提供することで収入を得る契約を結んでいる。

毎日の購買行動、行きつけのお店や好きなメニュー、ＳＮＳでの情報発信、好きな映画、移動手段や移動時間、毎日のランニングや犬の散歩ルートなど、あらゆる生活データを提供し、それらを必要とする企業、研究機関から対価を受け取る。おかげで市民は週３日働けば十分に暮らすことができ、楽しんだり、考えたりする余裕と時間が大幅に増えた。加えて犯罪が少なくなり、とても治安がよく、日本有数の住みやすい場所となっている。

また、伊野部市は究極のイノベーションシティと言われているように、イノベーションが生まれやすい環境が整っている。何といっても、企業の生産や社会活動に関するエネルギーコストゼロを実現しているため、企業、大学、研究機関が続々と集まってきている。ここでは、さまざまな価値観・ニーズに応えるために、企業、大学、研究機関が協力して、あらゆる技術を掛け合わせ、少量多品種の生産でも、採算が取れる形で商品化し、市場投入できる仕組みを持っている。さらに生み出される新しい製品・サービスは、無意識にモニタリングに参加する住民のチェックを介して、市場拡大の判断がなされる。

伊野部市では、「失敗を恐れずにまずはやってみよう」「これまでにカネになると思っていなかったことも付加価値がついてカネになる」という意識が根づき、イノベーションのアイディアがあふれ、新たな取組に何度でも挑戦できる「究極のリーンスタートアップシティ」として生まれ変わった。これからも市民の生活を豊かにする新しい付加価値を生み出し続けていくであろう。

イノベーションにつながる研究機関

大学・研究機関と企業の往来がイノベーションを生む

日本の社会の中でイノベーションを活発に起こすためにもっと活用できる資産として、ここでは大学であり研究機関に注目したい。市場原理に基づく研究開発を行う企業と、研究者の探求心、自由な発想に基づく研究を行う大学という役割分担があるが、これはあくまでも便宜的で大まかな役割分担でしかない。研究者の自由な発想で始まった研究であっても（広津社長の線虫の研究を思い浮かべてほしい）、将来別の何かと結びついて価値を生み出す可能性は十分ある。

大学生や研究者の起業を支援する仕組みをはじめ（インキュベーションセンター）、大学・研究機関の研究成果（シーズ）を民間事業者に移転する仕組み（ＴＬＯ（Technology Licensing Organization：技術移転機関））や、大学・研究機関が連携する仕組み（たとえば各大学に設置されている産官学推進組織）はすでにつくられている。１９９８年に制定されたＴＬＯ法に基づき認定された、産官学連携の仲介役を果たすＴＬＯには特許料減免などが認められ、技術移転先企業への出資も行うことができる。

このように大学・研究機関側の仕組みは整えられてきた。さらに近年、企業の側も後述するように多様化したオープンイノベーションの手法を利用して、研究開発の自前主義を乗り越え、商品やサービスの早期開発・上市を目指す風潮が広まってきた。

今後これらに加え、さらに大学や研究機関と企業の間にカネとヒトの往来を生み出すことによって、大学や研究機関の持つアイディアが、産業界が持つ社会への接点へと結びついていくだろう。

活性化に向かうオープンイノベーション

チェスブロウ教授は2003年の著書で、オープンイノベーションを「社内のアイディアと社外のアイディアを結合し、自社のビジネスに他社のビジネスを活用すること」と定義した。日本企業の中でも、たとえばユニクロのヒートテックは東レとの17年来の共同開発によるヒット商品であるし、製薬業界も永年にわたり積極的に大学や研究機関と共同開発を行ってきたことからもわかるように、オープンイノベーション自体は新しいものではない。

今日では企業にとって、課題解決や商品・サービスの開発サイクルの短縮のために、社外の資産（知財・人材を含む）の積極活用することはもはや必須である。オープンイノベーションのより今日的な定義は「企業が主体的に社外に広く技術探索を行うこと」であり、さまざまな手法が開発されている。知財・技術探索を専門として日本の大学・研究機関のみならず世界規模で仲介を行う仲介業者や、企業の公募に介在し、可能性のある研究者やベンチャー企業とのマッチングを行うアクセラレーターなど、大学や研究機関双方にとって、協業・創発の機会は増えている。

提言16　研究にカネが回る制度設計を

オープンイノベーション減税の拡大

大学や研究機関から企業が寄付を求められる際に、企業側は日ごろの習い性として費用対効果、「自社にとってどんなメリットがあるのか」を考えがちだ。結果として寄付を断ることさえある。先にベンチャーキャピタルの投資行動で見たように、起業家や研究者の提案書が実際に出資を受けるのは100件に1〜2件である。そんな状況を少しでも改善するために、大学・研究機関と企業の往来を活発化するのはもちろんのこと、見返りを求めない寄付も増やして、アイディアの結合の数を増やすことができる。

大学・研究機関の質の向上を図るとともに、企業のヒトとカネを投入しやすい環境を整えることによって、イノベーションをさらに加速させる必要がある。

その一手段として、現存するオープンイノベーション型の税額控除制度の拡大を提案したい。現行の控除率は、共同試験研究に関しても、委託試験研究に関しても、相手先が特別研究機関や大学などの場合は30％、その他の場合は20％である。これを両方50％へ引き上げる。これと併せて、法人税額の控除上限の現行5％相当額から20％相当額への引き上げも提案したい。

寄付制度の創出

さらには、共同研究にかかわらない企業に対しても、イノベーション発展に資する寄付を行いやすくする制度を提案したい。具体的には、たとえばイノベーションアワードのようなかたちで寄付を行った企業を表彰し、企業のブランド力を向上させるような任意参加型の仕組み、あるいは利益額の0・1％を寄付することをコーポレートガバナンス・コードに明記し、寄付できない場合は理由を説明する義務を負うような強制参加型の仕組みが考えられる。

産官学連携で化学反応を加速せよ！

政府・産業界・大学は長きにわたり、「産官学連携が必要。いまこそ産官学連携」と呪文のように唱えてきた。たしかに、産官学連携がうまく進み、イノベーションにつながっている事例も少しずつ出てきている。

産官学連携の規模は着実に拡大してはいるものの、海外と比較すると企業から大学への資金投資はきわめて低調であり、産官学連携が収入につながっている事例も乏しい。国策として目標が掲げられながら、現実には、大学の日ごろの教育研究活動の延長として大学院生などの手を借りながら、形ばかりの産官学連携を行っているケースがほとんどのように見える。

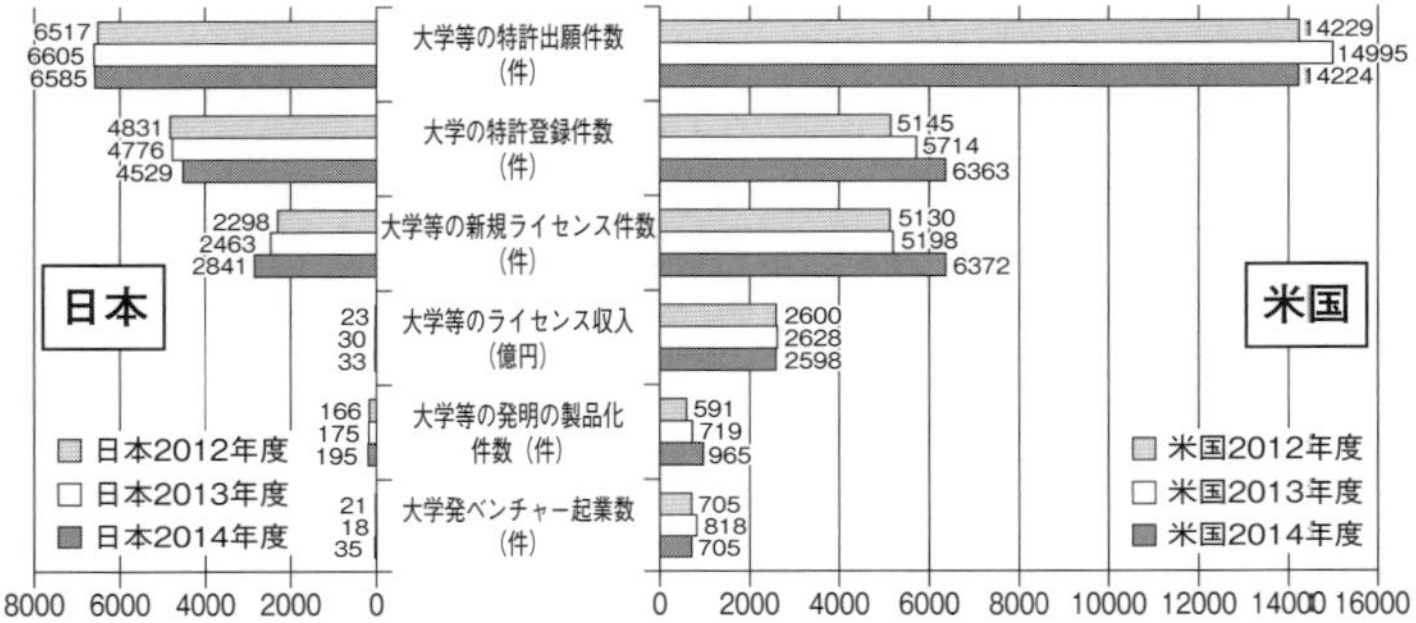

（出所）内閣府知的財産戦略推進事務局「知的財産戦略に関する基礎資料」(2017年11月）

図表18　日米の産業技術移転に関するパフォーマンス比較

企業からは、「費用対効果が会社から求められるなか、成果が出るかわからない共同研究に多額な資金を投資できない」「大学教授は、複数の企業から研究費を受け取っているため、知的財産の扱いが曖昧」という声が聞こえる。また、大学教授からは「数十万、数百万の共同研究費で、成果を出せと言われても難しい」「学生への指導や論文発表で手一杯で、共同研究に割く時間がない」「共同研究や受託研究を推進していくうえでマーケティング、契約、知財といったことまで教授が手がけるため、進みにくい」という声もあがる。このように企業と大学の間には、いまだに大きな溝が存在する。

日米の産学技術移転状況を比較すると、米国にくらべて大学のライセンス収入・製品化件数が低調で、大学の研究が事業に結びついていないことが明らかである。（図表18）

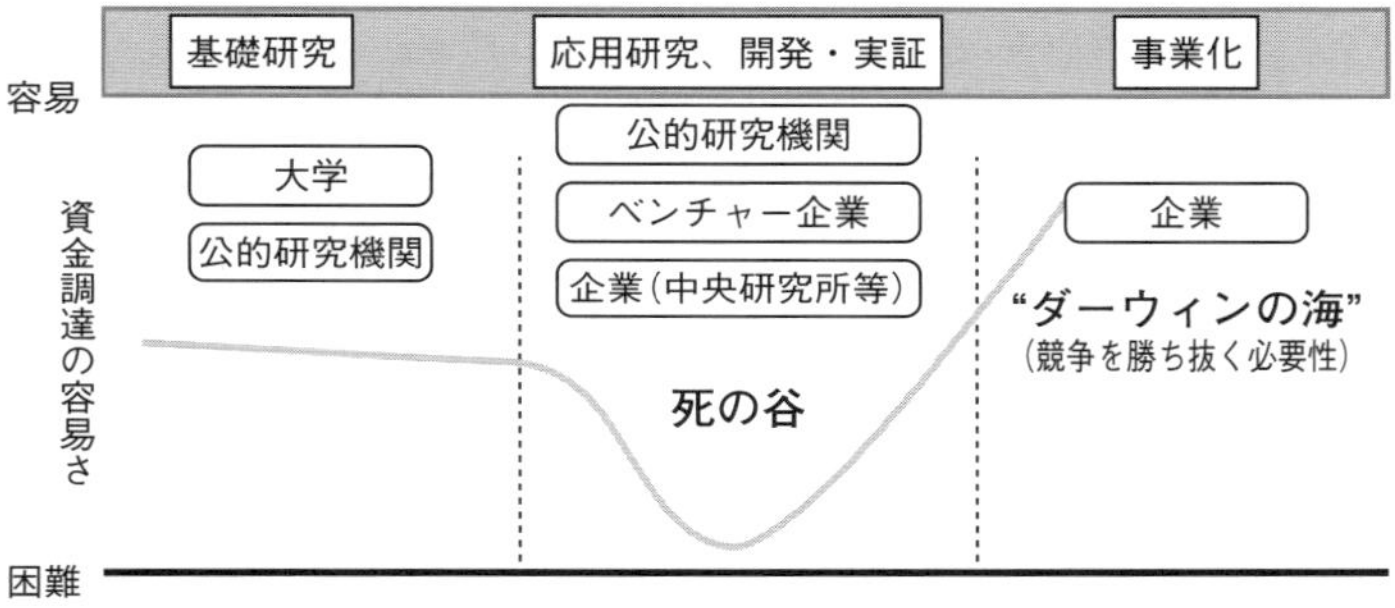

（出所）経済産業省「我が国のイノベーションシステムの強化について」(平成27年7月公表)

図表19　イノベーションの全体像

過去を振り返ってみると、産官学連携とオープンイノベーションというブームが起きたのは、二〇〇〇年前後、経産省が「ＴＬＯ」「大学発ベンチャー一〇〇〇社計画」を打ち出したときからである。それから一七年経過した現在でも、民間企業は、欧米にくらべて大学や公的研究機関との連携は限定的である。

その大きな理由は、**図表19**のように、基礎研究から事業化までには、「死の谷」が存在するからだと言われる。基礎研究の段階ではうまくいっても、実際の開発段階では製品が機能や品質の課題、採算性や競争力の問題、顧客ニーズの動向など、さまざまなハードルが立ち上がり、事業化が困難になってしまうということである。ちなみに「ダーウィンの海」とは、ようやく事業化に成功したとしても、既存のライバル商品やコンペティター企業が待ち受けている海が開けてくることを指す。

それを打破するためには、産官学連携でヒト・モノ・カネを化学反応させることで、イノベーションを加速することが必要である。産官学連携において、「国立研究開発法人と民間企業の壁」、「大学と企業の壁」、「研究者の人材流動の壁」の3つの壁がある。

提言17 国立研究開発法人のスクラップ&ビルドを急げ

ドイツ・フラウンホーファー研究機構に学べ

大学で保有する技術シーズを事業化に結び付ける「架け橋」機能として、ベンチャー企業や公的研究機関が重要な役割を果たす。

米国では、スタートアップを支援するエンジェルやベンチャーキャピタルの活動が盛んである。優れた技術シーズを保有するベンチャー企業は大企業に買収され、事業化に結びついている。米国のGAFAは、ベンチャー企業をM&Aすることで、事業化に結び付けてきた代表例である。

ドイツでは事業化のための研究を担うフラウンホーファー研究機構が存在する。フラウンホーファーはドイツの研究機関の中でも産官学連携に果たす役割が非常に大きい。フラウンホーファーには72カ所の研究所があり、所長を大学教授が兼任している。また、十分に自前の研究

図表20　日独　受託研究費用　比較

	総研究費	受託研究（企業）
産総研 	930億円	6億円（0.6%）
フラウンホーファー 	2,081百万ユーロ	682百万ユーロ（33%）

体制を持てない中小企業とも連携することで、ニッチな領域で高いグローバルシェアを持つドイツの製造業を支えている。

日本にも公的研究機関は存在する。理化学研究所（理研）、産業技術総合研究所（産総研）が代表的な研究所で、27の国立研究開発法人がある。国立研究開発法人の予算規模（運営交付金）は平成28年度で６０７９億円である。

ここで、ドイツ・フラウンホーファーと産総研の比較したデータを見てほしい（図表20）。

産総研の平成28年度収入９３０億円のうち、企業からの受託研究はわずか6億円（０・６％）である。一方、フラウンホーファーの２０１６年度予算は20億８１００万ユーロ（約２７００億円）で、企業からの委託研究費は6億８２００万ユーロ（約８９０億円／33%）である。

本結果からしても、日本においては国立研究開発法人と企業の共同研究が進んでいなく、応用研究から実用化までの壁が非常に大きいことがわかる。

それでは、フラウンホーファーから学ぶべきことは何か。

イノベーションを起こすためには、既存のネットワークを超えて最適な解決策を導き出すためのパートナーが必要であり、「産」「官」「学」が有機的につながり、それぞれの強みを掛け合わせることによってこれが可能となる。この掛け合わせが生まれるためには、技術シーズを事業化に結びつける「架け橋」が必要である。国立研究開発法人が保有する、オンリーワンの大規模・最先端の研究基盤は「産」「学」にとって魅力的なはずである。これを呼び水として、国立研究開発法人が技術開発・技術実証のプラットフォーマーとなり、産官学をつなぐネットワークのハブとなることで、産官学が集結する「場」を提供することが必要だと考える。

国立研究開発法人の保有する高度な研究施設を共通基盤として大学や企業に開放し、大学、企業、国内外の研究者が集まる「場」としての拠点機能を担うことにより、単なる知識や情報のやり取りでは生まれない知の創造が期待できる。

また、今の科学技術は高度化・先鋭化するだけでなく、複雑につながることによって新たな価値が創造されていくという特徴がある。とすれば、国立研究開発法人がそれぞれの所管官庁の後ろ盾のもと、垂直的かつ硬直的な運営のもと、特定の分野に特化した高度な技術シーズを

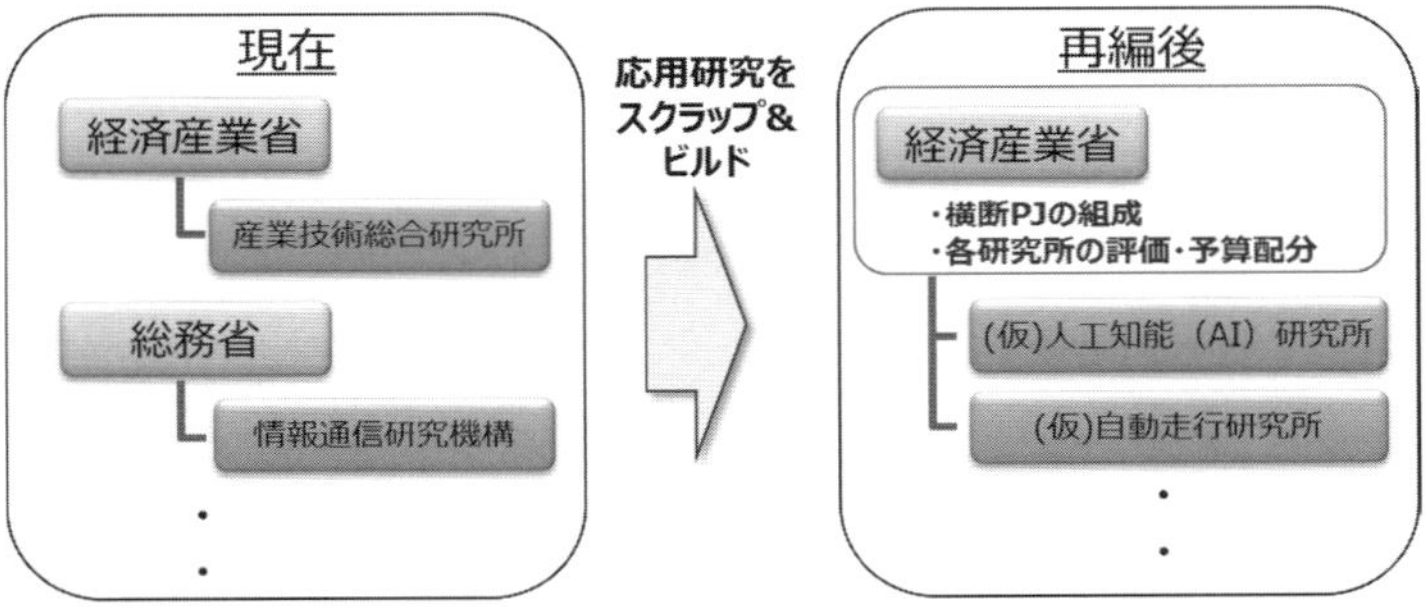

図表21　国立研究開発法人のスクラップ＆ビルド

創出しているだけでは産官学の橋渡しを果たすことはできない。27の国立研究開発法人が有する「技術」や「人材」などの情報を集約するとともに、それらの情報を産業界の要請とマッチングして、実用化につなげる横断的なマネジメント機能を強化する必要がある。

スクラップ＆ビルドで技術変化に柔軟に対応

農業を例としてあげると、ＡＩ、ＩｏＴ技術を使うことで、より効率的・均一的な生産が期待される。そのために、農林水産省所管の「農業・食品産業技術総合研究機構」、総務省所管の「情報通信研究機構」、経産省所管の「産業技術総合研究所」が一体となって研究開発する必要がある。

今後は、27の国立研究開発法人のムダなカニバリゼーションをなくし、強化する研究開発領域にリソースを集中させるため、一府八省によって所管されている国立研究開発法人を一度解体すべきである。

具体的には、各国立研究開発法人で行っている研究開発を「基礎研究」「応用研究」に分類し、「基礎研究」は従来の省庁傘下に残す。一方、「応用研究」はデマンドサイドから研究所をスクラップ&ビルドし、経済産業省傘下に設置することで、技術変化の潮流に対して、柔軟に研究者・研究テーマを変更できるようにするべきである（図表21）。

また、企業からの窓口を一元化し、産業界からの要請に柔軟に対応できる体制を構築することで、より産業界と近い領域の研究を実施できるようにすることが重要である。

提言18　研究人材の流動化

硬直した研究人材流動性

イノベーションを加速させていくためには、研究人材の流動性を高め、さまざまな立場を経験し、研究者が刺激しあい、影響されるような環境を整えていくことが重要だ。大学教員や企業研究者の流動性を拡大していくことが必要であるにもかかわらず、日本では、産官学の間で人の移動は活発ではなく、とりわけ産と官学の間がきわめて少ない（図表22）。

ドイツの自動車メーカーの設計部門や安全品質保証部門と打ち合せをする際、先方は博士号

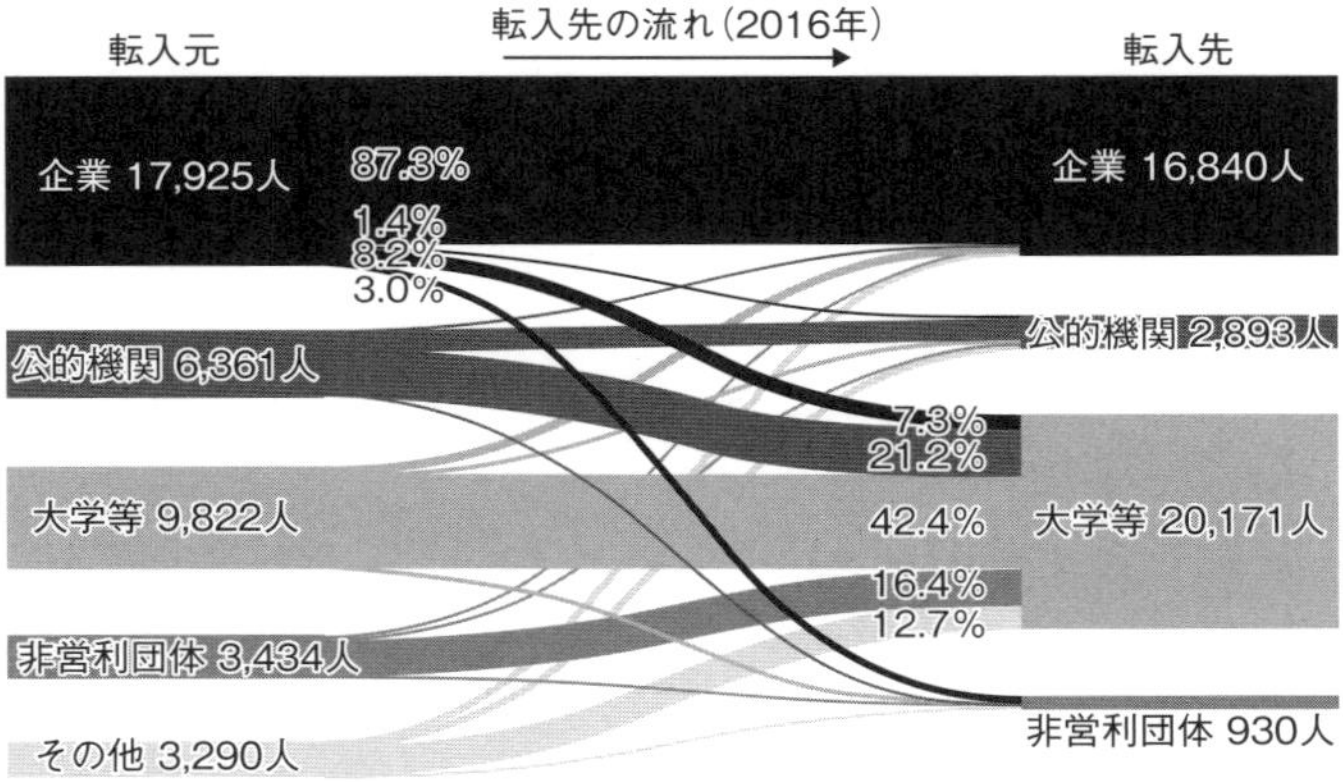

（出所）文部科学省　科学技術・学術政策研究所　「科学技術指標2017」

図表22　部門間における転入研究者の流れ

を持つ人間が多い。彼らは学識を現実の課題解決に生かせない浮き世離れした存在ではなく、深い専門的な技術分野の知見を持つ「ビジネスマン」である。組織のマネージャーではないが個室が与えられ、大きな権限を持っていることから博士の社会的地位と処遇が高いことを窺わせる。ドイツの有数の理工系大学のアーヘン工科大では博士論文に加えて実業経験と学生への教育経験が要求されるという。実務経験を積んだ社会人が、何らかのかたちで研究機関に戻るような仕組みをつくることにより、研究機関側のニーズと企業側のニーズが合致しやすくなり、研究の精度向上が期待できる。

ドイツの産官学橋渡しの雄であるフラウンホーファー研究機構は、2万5000人が所属し72の研究所に分散している。それらは分野ごとにその分野に強い大学に併設されており、大学の教授が所長や部門長を兼任している。彼らは自動車メーカーや機械メーカーへの転職、そして大学や協会への復職も少なくない。またポスドクや博士課程学生は、企業との共同研究や受託研究が盛んなので積極的に起用される。日本とは異なり相応の処遇を得ながらビジネスに近い応用研究の経験も積めるのである。加えてマーケティング、知財、法務の人材も同様の仕組みが有効である。

博士課程修了者は大学教員になるものといった単線のキャリア・パスではなく、博士課程修了者が広く社会の多様な場で活躍していくことや、産業界などと大学を行き来するような複合的なキャリア・パスを想定し、産官学の広い枠組みの中で社会全体の流動性の拡大を推進していくことが必要となる。

わかっている人に任せる

産官学の連携にはさまざまな課題が山積している。何から手を付ければ、エンジンが始動するのだろうか。

基礎研究から応用研究、そして製品・サービスの開発へつなげる成功や失敗経験を十分に持つ人をトップに据えることから始める。そこで企業の研究部門で要職を務めている人間をヘッドハンティングして大学の研究部門や国立研究開発法人のトップに据えるところから始めたい。

たとえば5年契約で民間相場並みかそれ以上の給与を提示する。無論、彼ら・彼女らには、経営幹部の人事権と報酬決定権を持たせる。マーケティング、知財、法務は別部門にしてプロに任せる組織にする。そのことで研究者の負担を減らすとともに、成果を速やかに挙げる体制を整えるのである。

そして立地である。各大学が強い分野に、国立研究開発法人の同部門を立地させる。これによって大学教授が国立研究開発法人の所長や部門長を兼任することができる。日本の大学ではポスドクが企業にくらべて著しく低い報酬、加えて任期付きで雇用されており、社会問題といってもいいほどの深刻さである。大学が企業との共同研究や企業からの受託研究を活発化すると、ポスドクや学生の需要が増える。企業との研究において、ポスドクにクロスアポイント制度を活用させることで、企業研究者と遜色のない処遇を実現させることができ、産官学連携のレベルも底上げにつながる。ポスドクはビジネスを学ぶ機会を得るだけでなく、企業への就職もオプションになり一石二鳥といえる。企業としては、共同研究や委託研究に学生も参加させることで費用の削減にもなる。そうやって産官学の取り組みを加速化させる。

その先の継続性を担保するためには、連携の役割を担う組織と個人それぞれが結果を出すことで評価される仕組みにすることに尽きる。

具体的な評価指標としては、シンプルに企業との共同研究や企業からの受託研究の件数、研究収入、特許料収入で評価し、補助金（運営費交付金など）と人事評価に反映させる。件数も考慮するのは、中小企業のイノベーション促進も視野に入れる必要があるためだ。大学においては、産官学連携の強化に応じて相対的に人材が不足する教育に関し、その不足分を補う以上の優先的な交付を行う。人事評価では研究者・教員などのキャリアパス上、企業における経験が高い評価を受ける制度設計へ変更する。

加えて大学においては、産官学連携で成果をあげる教員を高く評価し、一方でその教員が教育・研究に割く配分が減ることを許容する。それを実現する仕掛け、いっそうの産官学連携が進むような柔軟な人事評価システムの実現が求められる。人材の流動性を加速することで化学反応を生み新たな発想が生まれ、継続的なイノベーションの創出につながっていく。

学び直しは大学へ――社会人向け履修証明プログラムの充実

また、社会人の学び直しの場として、大学に着目したい。大学にはぜひ履修証明プログラムの充実を検討してもらいたい。

たとえば、社会人がＡＩやロボティクスについて基礎的なこと学びたいと考えた場合、現時点では大学に戻るのは現実的な選択肢ではない。大学が提供している選択肢は、修士・博士課程での編入か、公開講座への参加または聴講生として学部の講座参加である。これに対して履修証明プログラムとは、社会人向けに体系的に編成された講習や授業科目であり、履修者には履修証明書が発行される。学部卒業生の学士と同様である。

海外では個人のスキルとして評価され、設置される講座も多岐にわたる。たとえば、ワシントン州立大学の履修証明プログラムは、会計、バイオサイエンス基礎、プログラミングから航空機の構造解析――ボーイング社の本社がある――など、さまざまな講座が設置され、6〜8カ月で履修証明書が取得できる。

日本では、社会人に合わせた時間の新規の講座設定はそもそも私学助成金等の対象外であるため、大学側が講座設置に二の足を踏むという構造的な問題を抱えている。この点を補うために、「職業実践力育成プログラム」（文部科学大臣認可）に認定された講座のうち、「専門実践教育訓練講座」には補助金が出ることになっているが、2018年8月現在で対象になっている講座の太宗は、看護・福祉である。学び直しについても、提言12の教育バウチャーをぜひ導入したい。これが実現すると、学ぶ者自身が選択できる講座の設置が進むであろう。魅力あるプログラムが設置できれば、多くの社会人が集まる。この結果、大学・研究機関の研究ニーズと企業側のニーズが合致しやすくなり、企業の投資が増加するといった好循環につながることが期待できる。

第4章

雇用改革で、再起動

～再チャレンジ可能な流動化社会を～

ここが変だよ「日本型雇用」

日本経済の変革を力強く進めていくにあたり、足かせになっているのが日本型の雇用システムだ。

「新事業の責任者には若手のあの人がふさわしいが、年次の都合で実現できない」

「既存ビジネスのゲームチェンジに対応しようとチームを組んだが、既存ビジネスしか知らない人材しか集められない」

「グローバル事業を統括する部門なのに、日本人ばかり」

「せっかくシステム系の優秀な人材が見つかったのに、人事部に『そういうとがった人材は定年まで雇えない』と言われて断った」

おそらく多くの読者が、自分の勤め先で、あるいは取引先で、このような「ちょっとおかしいよね」と感じる状況を見聞きしたことがあるだろう。いまの日本企業における雇用システムはあまりに硬直的で、同質的な人間だけで物事を進めることになってしまっている。「自社でしか使えない優秀な人材」を長く囲い込むことを重視してきた結果、このような状況に陥っているのだ。

たしかに最近、日本企業でも20代、30代の転職が増えてきた。経営者や従業員の多様性を重

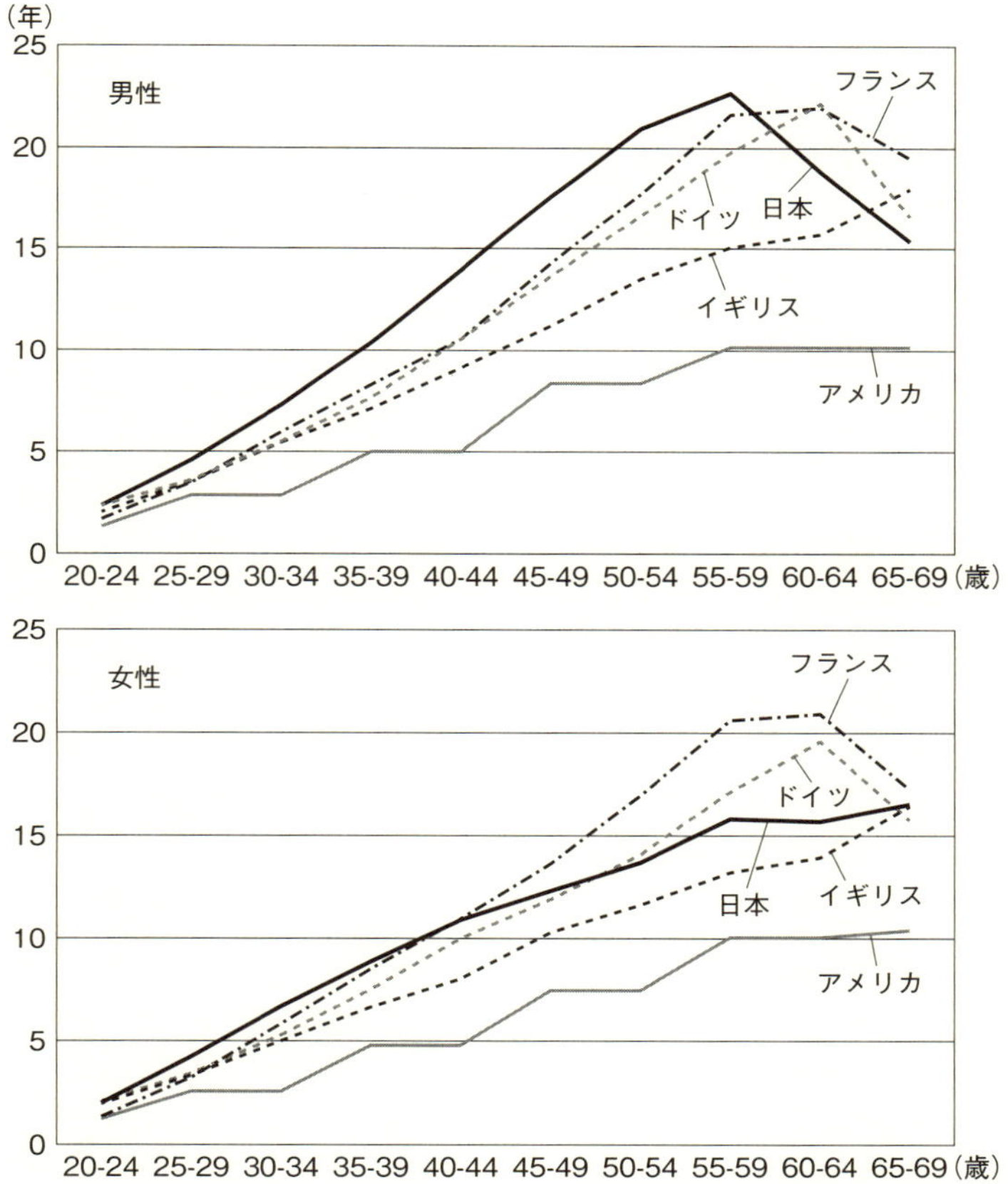

（注１）日本は2015年６月末（一般労働者）、アメリカは2016年１月、その他の国は2015年の数値。
（注２）アメリカの平均勤続年数は中位数。また、25〜29歳・30〜34歳ともに25〜34歳の、35〜39歳・40〜44歳ともに35〜44歳の、45〜54歳・50〜54歳はともに45〜54歳の、65〜69歳は65歳以上の値である。
（出所）厚生労働省「賃金構造基本統計調査」(2015年)、U.S. Department of Labor "Employee Tenure in 2016" (2016.9)、OECD Database " Employment by job tenure intervals - average tenure" (http://stats.oecd.org/)

図表23　性・年齢階級別平均勤続年数の国際比較（2015年）

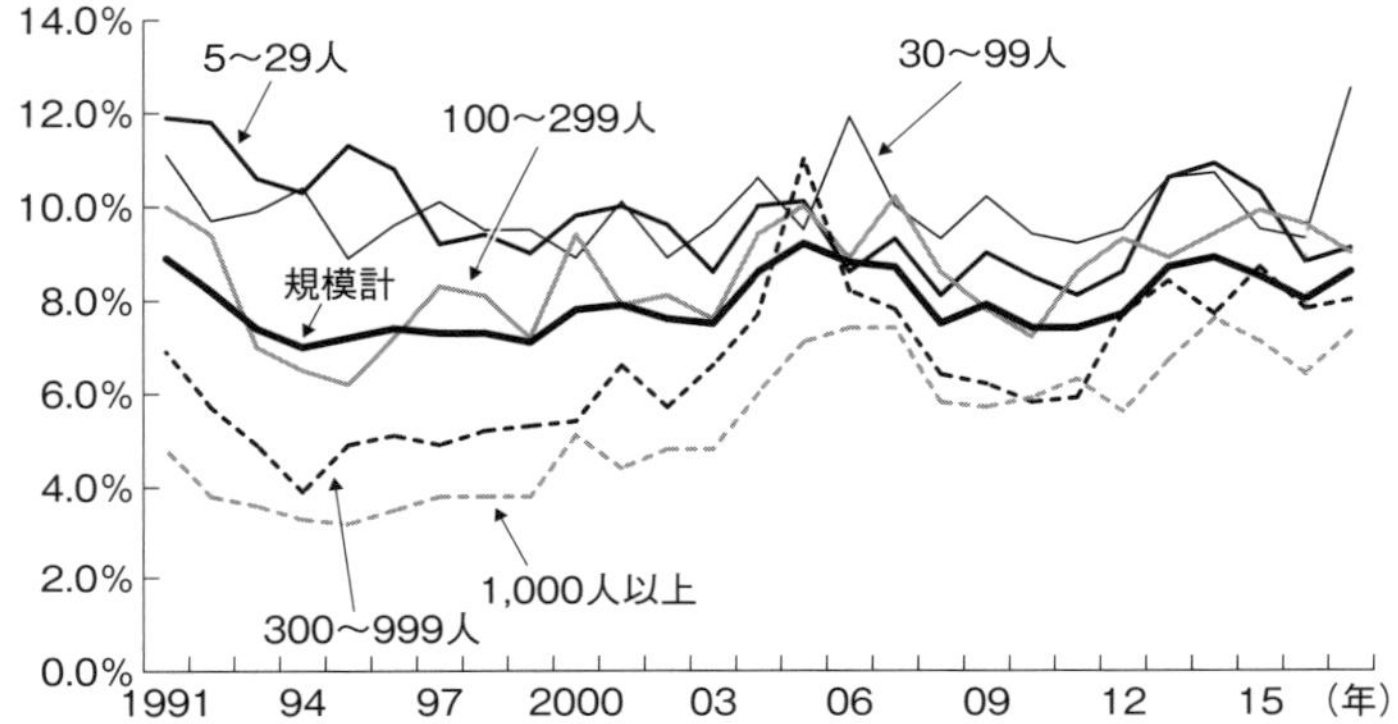

（注）転職入職率＝（転職入職者／１月１日現在の常用労働者数）×100。転職入職者とは、入職者（常用労働者のうち、調査対象期間中に事業所が新たに採用した者をいい、他企業からの出向者・出向復帰者を含み、同一企業内の他事業所からの転入者を除く。）のうち、入職前1 年間に就業経験のある者のことをいう。ただし、「内職」や1 か月未満の就業は含まない。

（出所）厚生労働省「雇用動向調査」

図表24　一般労働者の企業規模別転職入職率の推移

視する投資家も増えてきている。しかし、毎年当たり前のように、授業そっちのけで「シューカツ」してくる大学生を歓待し、一斉に新卒として採用する。年功序列の賃金体系や昇進体系は昔と大きくは変わらない。50代になると役職定年、多くの人は関連会社に出向、60歳になると、再雇用で賃金が現役時の半分以下になって5年間ほど経つと退職する。こういった「日本型雇用」の仕組みは、大企業においてさほど大きく変わっていない。

実際、平均勤続年数の国際比較をみると、とくに働き盛りの35〜54歳男性について、ほかの国よりも日本の労働者は平均勤続年数が長いことがわかる（図表

23）。また、日本で企業規模別に「転職入職率」（直近1年間の転職による入職者が従業員に占める割合）を見ると、会社規模が大きくなるほど転職者の割合は低いことが見えてくる（図表24）。したがって、「日本型雇用」がとくに「変」なのは「大企業の働き盛りの正社員」であり、それが「大企業の同質性」に反映しているといっていいだろう。

社外からの登用が企業を生き返らせる？

「縄文アソシエイツ」という会社がある。日本企業の主に幹部向けの人材紹介会社だ。

彼らによれば、この1〜2年、売り上げ数兆円の大企業があえて外から幹部をスカウトしたいという動きが広がっている。たとえば、化学メーカーが経営企画の担当役員を外からスカウトしたい、といった具合だ。

日本企業でも転職は増えている。転職経験者が2割、3割という会社も珍しくないようだ。ただ、その「転職経験」の多くは、20代〜30代前半であり、転職してきた後にその会社の色に十分「染めて」から部課長になってもらうというスタンスである。そろそろ自分の先が見えてくる、あるいは本当に自分の得意分野がわかってくる40〜50代のほうが、差し迫った意味での再チャレンジの必要性は高いように思えるが、その世代での転職となると管理職として受け入れないといけない。だから受け入れ側の抵抗が強いらしい。

縄文アソシエイツによれば、「給料が多少下がっても、転職先の会社を変えることができるなら挑戦してみたい」という希望も多いそうだ。自動車メーカーで生産管理をしていた人間がスーパーに転職した事例では、そのスーパーの欠品が減り、利益率も改善したという。こうした事例をあちこちで増やしていくことで、日本企業が再び強くなれるのではないか。

「日本型雇用」の負の側面とは?

先ほど、「日本型雇用」は「大企業の正社員」の問題だと申し上げた。いまや全雇用者の4割を占めるに至った非正規労働者は「日本型雇用」の枠外にある。さらに中小企業も、転職経験者の割合は大企業に比べるとかなり高く、「日本型雇用」の色彩は薄い。

つまり、日本全体のマクロの視点でみると、日本では正社員の解雇が難しいが故に、近年の景気低迷期に雇用の調整弁として、新規の雇用の多くが非正規社員になってしまっているのだ。いわば正社員の手厚い雇用保障と高賃金の犠牲になっているのが非正規社員なのである。

また、「バリバリ働く」男性正社員のモデルを、子育て中の母親たちに適用しようとしても無理がある。結局、多くの女性が退職を余儀なくされている。第一子出産後に36%、第二子出産後にはじつに44%ものお母さんたちが最初の職場から離職して、専業主婦になるか、次の職場(多くは勤務時間などの負担が少ない会社ではないだろうか)に移っているのだ。

そうはいっても「日本型雇用」のおかげで、社員は会社への忠誠心が高く、生産性も高いのではないか、と昔から言われてきた。しかし実際には、日本企業の社員のエンゲージメント（社員が仕事や組織に対して抱いている満足度やモチベーション）は、あらゆる国際的な調査において、他国とくらべてかなり低いという結果が出ている。もちろん、日本人は自分の状況を謙遜しがちなので、こうした調査でも結果が低く出る傾向もあるだろうが、一方で企業で実際に働いている感覚からすれば、「さもありなん」と感じる読者も多いはずだ。

さらに、客観的なデータとして、労働生産性の国際比較というのがある。公益財団法人日本生産性本部が毎年発表しているデータによれば、時間当たりの労働生産性、一人当たりの労働生産性とも、日本はＯＥＣＤ加盟35カ国中、毎年20位前後で低迷しており、いわゆるＧ７諸国の中ではほぼ常に最下位だ。

もちろん、これらの悪いデータがすべて「日本型雇用」のせいだとはいえない。しかし専門家の多くは、「日本でも転職が当たり前になれば、成長部門への労働移動が容易になって、経済成長は加速する」「職場があまりに同質的すぎて、イノベーションが生まれない」と指摘している。「日本型雇用」が成長の制約要因の一つとなっていることはたしかなのではないだろうか。

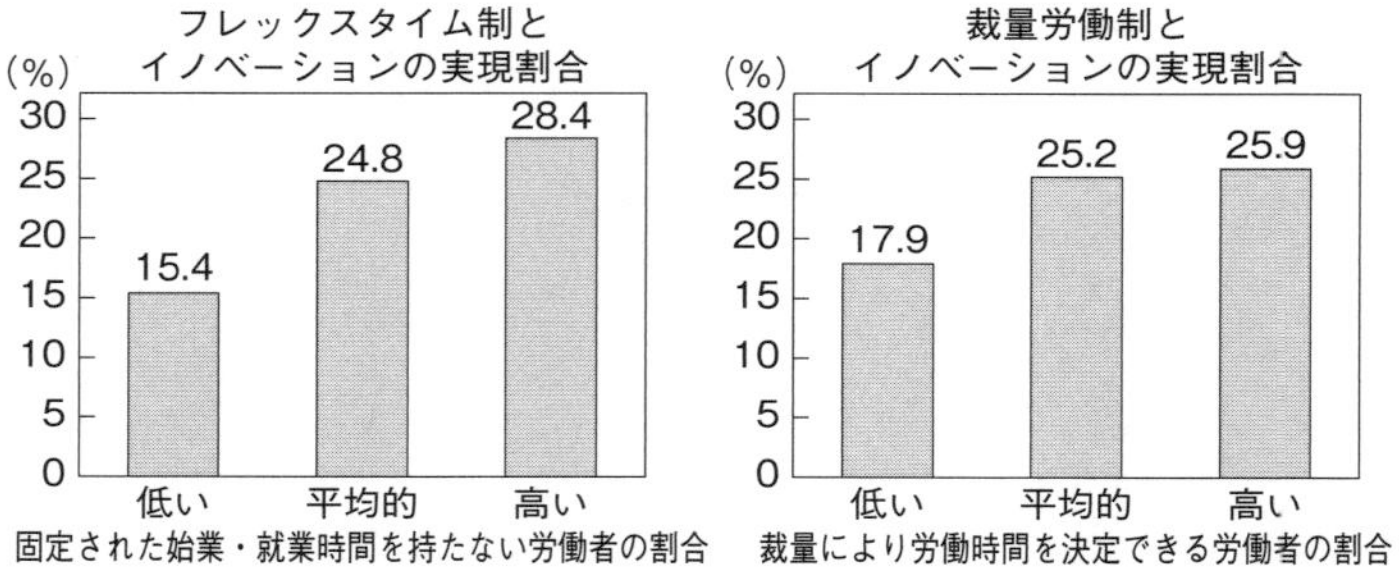

（出所）厚生労働省「平成29年版　労働経済の分析」

図表25　働き方とイノベーションの実現割合

日本型雇用がイノベーションを邪魔している

本書で再三申し上げてきたように、日本経済にはイノベーションの実現という課題がある。そのためには多様な人材・考え・価値観などが混じり合い、ぶつかり合うことが重要だ。しかし、「日本型雇用」では、ほぼ全員が会社に一斉に入社して一生を共に過ごす。つまり、企業という「運命共同体」の中で、社員は同じ釜の飯を食いながら、苦楽を共にするのである。長年寄り添っている夫婦は考え方も似てくると言われるが、運命共同体の中にいる社員たちは同じような発想や思考になりがちとなり、会社の中で多様性がぶつかり合うことが起こりにくくなっている。

また、日本型雇用は、職務を明確にして、その成果・アウトプットに対して報酬を支払うという欧米で主流のスタイルではなく、職務が無限定で何でも任せて、賃金は年功序列である。このため、求められる仕事のゴールが不明瞭であり、とくに若い時代は、心身の限界まで目一杯努力する姿そのものが美徳とされてきた。

昔、「24時間働けますか?」というCMや、「モーレツ社員」という言葉もあったが、第四次産業革命のうねりのもと、ゲームチェンジする市場環境に対応する際に必要なのは、「考える時間」「学ぶ時間」「遊ぶ時間」である。狭いエリアの仕事で一杯いっぱいの人からは、良いアイディアは生まれない。事実、EU諸国の中では、フレックスタイム制や裁量労働制のような柔軟な労働時間の導入が進んでいる国ほど、イノベーションの実現割合が高くなっている(図表25)。

もし「転職が当たり前の世の中」になったら?

いまや人間の寿命よりも企業の寿命のほうが短い。

40〜50代になり、会社での先が見えてくるなかで、仮に、目の前に、自分の可能性をもう一度試せる会社がたくさんあったら、転職を考えてみようという人も多いのではないか。ところが現実には、日本企業では、20代で就職したらそれっきり定年まで働き続けるのがメインストリームである。会社や上司が合わなくても、やり直しのチャンスは少ない。

それぞれの企業は環境変化の荒波にもまれており、本当は管理職に(周囲の顔色を気にしない)有能な社外人材を多数採用して、従来のしがらみにとらわれずに、新しいビジネスにチャレンジし、イノベーションを起こしつつ、競争力を失った部門を縮小していくことが必要となっている。

それなのに大企業を中心に社員の同質性は遅々として解消されず、一方で中小企業は経営層も含めて人手不足・人材不足が深刻だ。諸外国とくらべてスタートアップ（起業）もきわめて少ない。

つまり、日本全体を深刻なミスマッチが覆っていて、「転職が当たり前の世の中」はこのすべての問題に対するブレークスルーとなりうるのだ。

また、ＡＩなどの技術の進展にともない、人に求められる労働、スキルが大きく変化すると予想される将来まで見据えれば、「転職が当たり前の世の中」は、たとえば職をＡＩに代替された人に次のチャンスを与えることにもつながるだろう。

もちろん、「日本型雇用」は悪い面ばかりではない。長期雇用が保障されることで長期の視野で経営課題を考えることができる、従業員同士の団結力……こうした一面を良いと判断する企業は、「日本型雇用」を選択し続ければよいのだ。私たちが提言したいのは、「日本型雇用」しか選択肢がない状態から脱却し、雇用を流動化させ、転職が当たり前の世の中にするための方策である。それが、個人の再チャレンジにとっても、企業が世界で勝ち残るためにも不可欠だと確信している。

提言19　部課長以上の3割を社外出身者に

もしもあなたの会社で部課長以上のポストの3割が他社出身者になったらどうなるだろうか。「うちの会社はすでにそうだ」という人もいるだろう。でも、伝統的な上場企業の多くでは、程遠い状況のはずだ。しかし、仮にそれが一旦実現したら、中高年のみならず若い人まで含めて転職を真剣に考えるはずだ。「いまの会社では無理でも転職先で偉くなる」という人生パターンを目の前で見せつけられるからだ。

この「管理職から転職を当たり前にしよう」というのは、日本型雇用がいかに「岩盤」かを見せつけられた私たちなりの1つの結論である。

管理職から「転職を当たり前」に

バブル崩壊後、約30年にわたり、日本では雇用流動化が何度も問題提起されてはフェードアウトしてきた。今回の安倍政権の「働き方改革」のメニューにも「転職・再就職者の採用機会拡大に向けた指針策定」なんていうのも入ってはいるが、数値目標を見ると、「2018年までに転職入職率（パートを除く一般労働者）を9％とする（2015年：8・5％）」となっており、転職が例外的な現状を変えられるとは思っていないようだ。おそらく、これまでの雇用流動化の議論では、真っ先に「首切り」「解雇」のイメージが前面に出てしまい、関係者の反発に遭って、うまくいかなかったのだろう。

そもそも、現状の日本型雇用は当事者には誠に心地よい仕組みである。男性を中心とする正社員には一定の給与、そして強固な雇用保障が定年まで提供される。各企業の労働組合は、基本的にはこれら正社員の雇用保障を維持するのが至上命題であり、一方で経営陣にとっても、長年顔見知りの後輩にあうんの呼吸で経営を引き継げるというメリットがある。したがって、日本型雇用というのは一旦当事者になってしまうと、なかなか自分からは変わりづらい、いわば「岩盤」である。あまり国内では指摘されないが、安倍政権の「岩盤規制」として、海外メディアが真っ先に指摘するのはこの日本型雇用であることが多い。

「転職が当たり前の世の中」を目指すには、ほぼ全員が会社に一生閉じこもっているいまの仕組みを崩さなければならないし、そうしなければ、そもそも魅力的な転職先の選択肢も発生しない。しかし、いまの仕組みを変えるには、きわめて大きな反対を乗り越える必要がある。

そこで私たちは、従来のアプローチとは視点を変えて、なるべく現行の仕組みの延長線上のイメージで、「ポジティブな」提言を行うことで、目的を達成したい。

それが、部長・課長のポストのうち3割を社外出身者から登用することであり、各社一斉に実現するために、政府が各上場企業にガイドラインとして示すというものだ。

なぜ「3割」なのか

いまでも部課長以上にちらほら社外出身者はいるだろう。ただ、身の回りの例をみても、「ちらほら」程度では、よほど力を持った特殊な人間でない限り、既存の会社の文化、価値観に徐々に染められていってしまうパターンが多いと思われる。それでは、異物を入れて、しがらみのない斬新な意見を経営に生かすことなどできないだろう。やはり異物が異物として発言力を確保するには、３割程度の人数は必要だと思われる。一方で、社外出身者が３割にとどまるのであれば、従来の社内出身者の発言権も確保でき、長期視野で会社に貢献するモデルも機能するはずだ。

そんなことをやって大丈夫?

でも、「そんなことやって大丈夫?」「そんなこと実現可能なの?」という声が聞こえてきそうだが、実はすでに、取締役は社外出身者を最低2名入れるというルールになっている。これは強制ではないが、「コーポレートガバナンス・コード」に明記されており、多くの会社がこれに沿った登用を行っている。また、「各企業の部課長以上の３割は女性を登用する」旨はすでに政府の目標になっている。現状の女性登用割合は目標に遠く及ばないが、これを達成するには、実態として、部課長以上に多くの社外の女性も登用しなければならないだろう。

ただし、人材登用は本来は各社の経営戦略であるため、各企業の自由度もきちんと残すべきだ。したがって、部課長以上3割社外ルールを実現する手段としては、法律ではなく、コーポレートガバナンス・コードのようなガイドラインとし、各企業は従えない場合には、別の目標を理由とともに公表することで足りるとすればよい。また、すべての部署で3割ルールが必要だとは思わない。定型業務が中心的な部署や、製造現場のような自社での経験が重要な部署などは、個々の企業の判断で、3割ルールの適用対象を限定する旨を対外公表すればいい。

こうしたソフトな誘導によって、目標に向かって個々の企業のペースで社外出身者登用が進むことを期待したい。

「3割ルール」の前提として、やることがある

かなり突飛な印象のある「3割ルール」を提言するにあたり、多くの専門家、関係者から、「3割ルールだけやっても意味がない」「3割ルールだけ導入しても、日本企業は管理職の数を増やして、『なんちゃって社外管理職』が増えるだけ。あるいは系列から人を借りてくるだけ」というご意見と、「むしろこれが大事」として以下のご指摘をいただいた。

①会社が社員に10年ごとに「あなたの出世はこの程度。それでもよければ会社に残って」と伝えること。50歳手前までほぼ全員に出世の期待を残すいまの人事は、残酷とも言える。

そこからは再起の時間はあまり残されていないのが現実ではないか。むしろ、30代のうちに会社からの評価をあからさまに社員に伝えることで、社員に再チャレンジの機会と納得感を与えるべきだ。

②管理職と個々の社員の「分担」をはっきりさせ、管理職は困難な仕事と位置付ける。管理職は絶対的に「偉い人」ではなく、部下の社員は単なる「雑用係」ではない。管理職は個々の社員の分担を決めて、それを管理する専門職として位置づけ、管理職の上司から厳しく能力が査定されるようにするべきだ。また、個々の部下の社員の分担を明確化することで、「近親憎悪」的な感情がなくなり、人間関係も良好になるだろう。

これらは完全な慣行、企業文化であり、政府の何らかの政策を講じて変更させるといった手段はそぐわない。したがって、こうした重要な慣行を変えていく呼び水としても、「3割ルール」をソフトなルールとして導入することを提案したい。

提言20　部門別採用への転換

新卒一括採用の問題とは？

先にも申し上げたように「岩盤」な日本型雇用の特徴として、「新卒一括採用（＋20代～30

代前半の若干の中途採用）」「業務範囲・責任範囲が無限定の社員として採用」「年功序列賃金」「終身雇用」「解雇困難」「定年制により60歳で一斉解雇」などが挙げられるが、実はこれらのほとんどは法律ではなく、慣行もしくは慣行を根拠とする裁判所の判例によって成り立っていることをご存じだろうか。法律ではなく、当事者にメリットのある慣行ゆえ、余計に変革が難しいのだが、そんな特徴の中で、「新卒一括採用」と「業務・責任範囲が無限定の社員としての採用」、この2つは深く関係しているだけでなく、多くの問題の根源となっているように思う。

2013年に閣議決定された「日本再興戦略」の中に、多様な正社員の普及が盛り込まれて以来、ユニクロや日本郵政による地域限定正社員制度などが注目されるようになり、社会の中で「地域」を中心にした〝限定社員の採用〟による生産性の向上が大きく議論されてきている。しかしながら、日本生産性本部による2016年の調査では、「いわゆる正社員（勤務地・仕事内容・労働時間などの限定条件がとくにない正社員）という働き方は今後も主流」との回答が約8割を占めている。私たちのヒアリングでも、転職や雇用流動化を阻む最大の要因は「その会社の仕事なら何でもやる責任が無限定な社員」、そしてそれを生み出し続ける「人事部が一括して採用する仕組み」にあるというのが、学者の世界でも多数派になっているようだ。責任範囲が無限定なので、個々の部署でのスキル不一致や低パフォーマンスを理由とした解雇ができないだけでなく、多くの企業では頻繁に人事異動が行われるため、専門性も育たないという悪循環に陥っている。自戒を込めた指摘となるが、こうした人材は外で通用する専門性を有していないこと、つまり自社専用のジェネラリストであることを本人も自覚しているため、当然流動化する人材にはなり得ず、自社に埋もれ、結果生産性の向上を大きく阻害してしまっている。

私たちのメンバーが所属している企業の人事部門へのインタビューでも、「ある部門向けの専門的な能力が求められる採用であっても、多くの場合、新たな『無限定社員』を生み出す結果となってしまう。それはたとえその部門が求める専門性を満たしていなかった場合でも解雇できないため、どの部門でもうまくやれそうな人材を採用せざるを得ないからだ」といった話を聞いた。第四次産業革命への対応、ＡＩをはじめとした多くの新たなデジタルテクノロジーに対応できる専門性を持った人材の採用、活用を迫られるなかで、これでは世界で競争していく人材の確保は難しいといわざるを得ない。

流動化する人材になるための方策とは？

こういった人材をこれ以上増やさないためには、個々人が専門性を持ち、流動化可能な人材にシフトしていくことが必要となるが、その第一歩として、責任無限定な社員を増やしてしまう「新卒一括採用」以外の採用を増やしていくことを目指し、「部門別採用を政府が政策で後押しする」のはどうだろうか。後述するが、ダイバーシティの実現によるイノベーションの可能性向上、専門性を持った優秀人材の確保といった会社側のメリットだけでなく、私たち個人にとっても、ワークライフバランスの確保、個々人の専門性の追求による市場価値の向上、一つの会社、一人の上司の評価に依存する多大なるストレスからの解放、セカンドチャンスの実現など、多くのメリットが考えられる。

「一括採用」枠と「部門別採用」枠は共存可能

それぞれの会社は熾烈な競争に勝つため、成長分野への投資、そしてその分野における専門人材を採用したいはずだが、先に書いたとおり、いざその人材を採用しても、のちに戦略転換などで解雇して裁判になった場合に、通常の無限定社員と同じ扱いをされ、会社に不利になる例があるようである。会社側がこういう不安なしに、「部門別採用」に踏み切れるよう、「職種・地域限定正社員」を労働法制上に位置づけてはどうか。これは、正社員でありながら採用された職種、または地域にポストがなくなれば解雇できる類型だ。法律上の位置づけがあれば、裁判で争うリスクも少なくなり、社会全体での取り組みとなっていくはずである。

そのうえで、政府として、次の2つを推進するのはどうか。

①「その会社の仕事なら何でもやる無限定社員」として人事部が一括採用するのは、将来の幹部候補としての人数に絞ること。

②新規・中途にかかわらず、採用の際には原則として、担当業務のジョブ・ディスクリプションを作成、合意により明確化すること。

こうすることで初めて、その部門でしか勤務しない社員として契約できることになり、たとえば「AI、IoT、デジタルテクノロジー人材の採用」において、いわゆる「茶髪・ピアス」であっても専門性に秀でた能力の高い人材を採用できるようになる。つまり、これらの取り組みにより、個々人が専門性に基づいて採用され、中途で他の企業に転職できる基盤ができあがる。これは一見地味に見えるが、専門性を学生時代に身に付ける必要が生じることから学校教育への好影響も考えられるし、社会人になって学ばない日本の企業人文化を変えることにもつながり、最も根本的な改革になり得るのではないだろうか。

現状では、正社員といえば責任無限定で解雇困難な採用ルートしかないため、結果として企業は正社員採用にきわめて慎重で、晩婚、少子化などの諸問題の根源とも言われる非正規社員の増加を招いている。「部門別採用」は、この不幸な悪循環を変え、正社員の採用拡大に道を拓くと確信する。

提言21　定年制の廃止

定年制は日本の競争力を高めているのだろうか？

提言20では「どう採用するか」という視点から転職が当たり前の世の中を後押しするアプローチを探ってきたが、今度は「どう会社をやめるのか」という視点から日本型雇用を見てみたい。

どのようなかたちで会社に入ったとしても、いつかは会社をやめる日が来るのだが、日本型雇用のもとでは定年まで勤めあげるのが当たり前で、だからこそ安心して仕事ができると感じている人も多いはずである。かくいう私たちも議論を始める前はそう思っていた。しかし、いろいろ勉強してみると、定年制は日本型雇用の下で通常時には解雇が困難な社員を一斉に解雇できる唯一の手段であり、良い面ばかりではないことがわかってきた。

本章の冒頭で「大企業の働き盛りの正社員」の雇用流動性が低いことに触れたが、それはとりも直さず年功序列にある程度比例して世の中一般よりも高い給与を得られるという安心感、つまり既得権益を手放したくないという素直な気持ちの表れだろう。これは厚生労働省による雇用形態別の賃金カーブ（図表26）を見ると一目瞭然だ。しかし、正規従業員の賃金カーブに

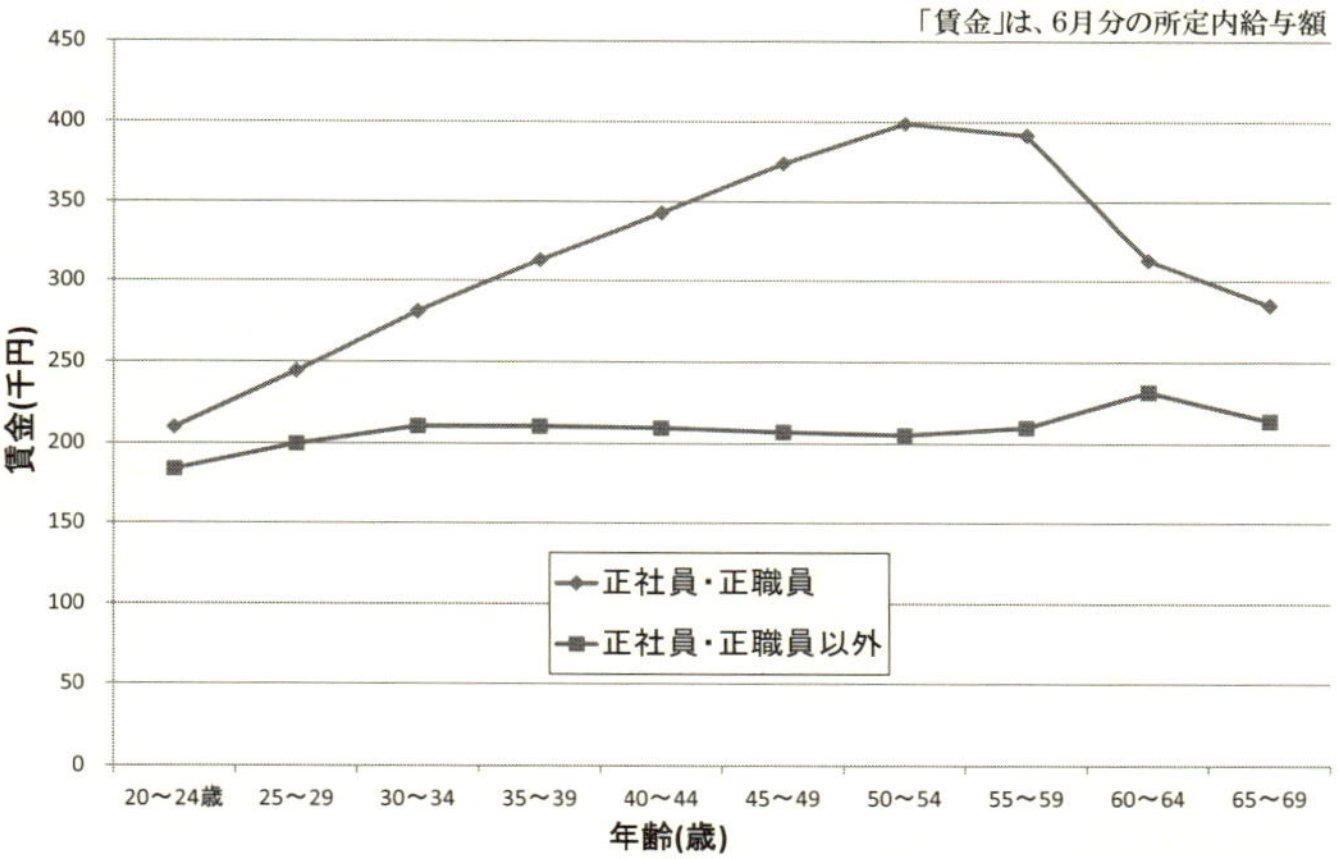

（出所）厚生労働省「平成29年賃金構造基本統計調査」

図表26　雇用形態別の賃金カーブ

乗れていない人から見れば見方は変わる。正規従業員以外の賃金カーブは傾きが緩やかで30～40代で低いレベルでピークアウトしてしまうのだ。

このような賃金カーブになっているのは「定年制」があるがゆえではないか。日本企業は、定年制による従業員の退職を前提として、従業員が納得できる水準の給与を入社から定年までの長期間にわたって支給するという年功序列型賃金を維持してきたのである。また、多くの企業においては、50代に入ると役職定年というかたちで関連会社への出向や給与減が行われているが、それも60歳定年の存在があればこそ可能な仕組みといえるだろう。

変化の激しい現在において、このようなシ

ステムは会社の競争力向上をむしろ妨げていないだろうか。注力したい事業を短期間で強化するためには、即戦力となる能力を持つ者を従業員として採用し、会社の競争力を向上させることが基本中の基本のはずだが、正規従業員として採用したら最後、定年までの年功序列型賃金を約束しなければならないとなれば、そう簡単には採用できない。従業員のモチベーションという観点からも、正規従業員はその地位に安住してしまって自分の能力を磨く動機づけに乏しい一方、非正規従業員は能力を活かすステージに上れないままに自分の将来を諦めてしまう。このような状況では労働者はその能力を最大限に発揮できず、日本全体の競争力向上はおぼつかない。

定年制廃止で変わる日本型雇用

このような現実を変えていくためには、日本型雇用の前提たる定年制そのものを廃止していくことが効果的ではないか。一見すると正規従業員の既得権益を延長するように見えるかもしれないが、仮に定年制を廃止すれば、給与コストの大幅な上昇を招き、いままでどおりの年功序列型賃金の枠組みは維持できない。全従業員に支払う給与の総額を維持したまま定年制を廃止するためには、平均給与は下げつつ有能な人材には会社に残ってもらうために能力ある者が高い賃金を得られるような賃金制度、つまり能力給が必要となる。そうなれば、正規、非正規の分厚い壁も自然と崩れ、高い賃金を得ようとする者は、専門性を高める必要に迫られ、努力するに違いない。結果的に従業員の専門分化が進み、それぞれの専門分野ごとにより高い待遇を求めて転職も促進され、経営者が攻めの姿勢をとりやすくなるだろう。

定年制廃止はすでに動き出している？

世界に目を向けてみれば、主要先進国において定年制が完全に合法なのは日本のみである。たとえばアメリカでは年齢差別として違法、EUでは年金受給年齢前の定年は禁止となっている。さらに、この日本でさえ、60歳の定年後の再雇用時の給与が低すぎる、能力や仕事に見合わない、として訴訟になっている事例がある。横浜市にある運送会社「長澤運輸」の男性社員3名が起こした訴訟では、高裁・最高裁で覆されたものの、一審の東京地裁では「仕事の内容は（60歳以下の）正社員と同一と認められる。特別な理由もなく賃金格差があるのは違法」と判断された。これにはさまざまな議論があることは承知しているが、「同じ仕事をしたら同じ給与を得たい」というのは人間の素直な気持ちだと思える。

定年制がないのが当たり前な社会に向けて

では、どのようにすれば定年制がなく、個々の能力が正当に評価されるような社会を実現できるのだろう。定年制を定めている企業の割合は現状95・5％（厚生労働省平成29年就労条件総合調査）にのぼり、ここまで根付いた雇用慣行を崩すには一律な年齢で定年を規定することを法律で禁止することや、経済界がモデル労働協約指針を定めて企業への導入を促進するなど、ある程度強制力をもった取り組みが必要といわざるを得ない。

ある会社が定年制を廃止し、能力給を導入する。従業員は自分の能力に磨きをかけ、より高い給与を求めて、よりよいアウトプットを出すようになり、よりよいアウトプットを得た会社はさらに発展する。それを追いかける会社がどんどん広がって社会全体として定年制がないのが当たり前な社会になる。そんな日本を私たちはイメージしている。

さらに、定年制廃止により健康な高齢者が社会で活躍でき、日本社会全体の労働力を下支えできるという直接的な効果も期待できるのはいうまでもない。

提言22　転職準備期間つき解雇制度

雇用流動化と解雇ルール

次は「どう会社をやめてもらうか」、すなわち解雇にフォーカスする。

何度も繰り返すが、日本の正社員はめったなことではクビにならない。解雇ルールが厳しいから、少々仕事ができなくても会社のメンバーシップの中に序列ができるだけで、不祥事でも起こさない限り会社を追われることはない。その代わり正社員は、会社に命じられるまま転勤し、異動し、職務の範囲を無限定なものとして働く。

こうした典型的な日本型雇用は、イノベーションを阻害している点も問題だが、それ以前に、共働き、子育て、親の介護など、昨今の働き方に関する多様なニーズを前にしてすでに限界に達している。

日本のいまの解雇に関するルールは、日本型雇用の一部としてでき上がっている。それだけでなく日本企業に共通のルールとして、日本型雇用を各社に強制する機能も持っている。

そこで、雇用流動化を後押しするべく、いまの解雇ルールをアップデートして、新たに「転職準備期間つきの解雇制度」をつくることを提案したい。

日本の解雇ルール

日本の解雇ルールは、突きつめていくととてもシンプルだ。

労働契約法という法律があって、この法律の16条に、「解雇は、客観的に合理的な理由を欠き、社会通念上相当であると認められない場合は、その権利を濫用したものとして、無効とする」とある。

解雇に関するルールらしいルールは、実はたったこれだけしかない。いったいどんな場合に合理的な理由を欠くことになって、社会通念上相当だと認められないのか、細かな定めは一切ない。個別の事案における判断は、裁判所の判例や実務に委ねられている。実際には、裁判所で解雇の必要性が厳しく審査される。正社員が解雇されにくいのは、職務が無限定で解雇の必要性がなかなか認められないからだ。

そして、もし裁判官が解雇はダメだと判断すると、法律上は無効とするしかない。選択肢は職場復帰しかないことになる。職場復帰が実行されても人間関係がすでに崩れていることから、もっと現実的な道筋が用意されていてもよさそうだが、そのような定めもない。そこで、実際には解雇が争われている時点で企業と労働者が交渉し、金銭の支払いによって和解で解決されることが多くなっている。

アップデートの方向性

日本の解雇ルールで何より問題なのは、たとえば、事業環境の変化を見越して人員数をどうするかとか、ある従業員が担当職務に不向きだが将来性があるかどうかとか、ビジネス上の経済合理性をもって判断する必要がある事柄を、裁判官に判断させてしまっているという点だ。

もちろん裁判官の個人的能力の話ではない。司法府は、判例をベースに個別案件として対応することしか許されていない。そうである以上は、広く経済事象を見越して判断することはできないのではないか、ということだ。

企業を取り巻く経済環境が加速度的に変化し、労働者の働き方も同時に変化しているいま、判断を司法府に丸投げしているのはよくない。合理性のない解雇事由とはどういうものなのか、法律に列挙しておくべきだ。

また、法律上の選択肢が職場復帰しかないことも問題だ。裁判官は、それが現実的でないことをよくわかっている。だから、金銭的支払いによる和解を強くすすめる。結局、ほとんどの紛争は金銭的解決で終わる。和解交渉では、当事者の紛争対応の巧拙が影響したり、企業が社会的評判を気にしたりして、結論は不公平になる。諸外国でも、金銭補償の基準を定めていない国はとても珍しい。補償の基準を法律にはっきり書いておくべきだと思う。

転職準備期間つきの解雇制度

雇用の流動化を促進するためには、解雇ルールが明快になるだけでは足りない。さらにもう一つ、次の雇用へのステップが充実していることも必要だ。そこで、会社が従業員を解雇する際には、最大1年間の猶予を与え、その間は給与を払いつつ、再就職先を探してもらい、必要な再教育の費用を会社が負担するという転職準備期間を整備したい。突然の解雇を避けると同時に、会社に再教育・再就職への関与を求めることで、労働者の不安を小さくすることができるのではないか。また、1年間で転職先が見つかれば、経歴にも穴があかない。こうした仕組みが導入されれば、「同じ会社で一生働く」ことを前提にした就職活動にも変化が生じる。多くの人が生涯で複数社で働くことを前提に、「次の会社でも使い物になる仕事」を求めた就職活動が生じるかもしれない。

提言23　1人2種類の名刺を持とう

「転職が当たり前の世の中」の後押しのため、またそうした世の中になったとき、激しい環境変化のなかで一人ひとりのライフキャリアステージに合わせて納得のいく仕事に出合うための促進剤として、「副業」について考えてみたい。ここで伝えたい副業とは、所得補塡だけではなく、転職や起業のお試し機会として、本業の所得を生かしながら、将来の転職や起業に向けて準備・試行する機会である。さらには、高いスキルや労働力を一社だけで囲い込まずに流動化して、イノベーションを起こしたり、広く使えるスキルを融通しあって労働力の量的なアンバランスを解消することだ。

リサーチや議論を通して、日本企業の中には、職掌を越えて配置する人事異動、さまざまな職掌や専門家を集めたプロジェクト、他企業や他団体に期間限定で派遣される仕組み、転職支援制度など、イノベーションやスキルの活用を促進すべく取り組んでいる例が多々あることがわかった。ただし、企業が企画するこのような制度は、自組織への貢献・成果を期待しているため、人選に非常に慎重で、誰もがチャレンジできるものではない。

また、ポストが決まっているため、限定的な機会と要件の縛りがきつい傾向にある。たとえ公募であっても、応募ルールが非常に厳しく、過去の成果や評価、年齢、職掌などのふるいにかけられ、希望を出したところで、いつまで経ってもお声がかからないこともあるようだ。

そこで、私たちは、各社で推進している良い制度は残しつつも、待ちの姿勢だけではなく、自分からやりたいこと、できることを外に見つけにいければ、さらに個々のポテンシャルを生かす可能性が広がるのではないかと考えた。社内組織という限られた枠の中でチャンスを待ち望むのではなく、外にもアンテナを張り、社内にはない領域も含めて、旬を逃さずチャレンジできる機会を、「副業」というかたちで創出したいという考えに至ったのだ。

気軽に新しいフィールドにチャレンジできる組織を創ろう

仕組みはできても、企業文化やこれまでの慣習に縛られ、簡単に運用できないのが世の常である。仮に副業が認められ、本業以外にやりたいことが見つかっても、周囲がいい顔をしない、

働き手側：〈兼業・副業による本業への影響〉（ひとつだけ）

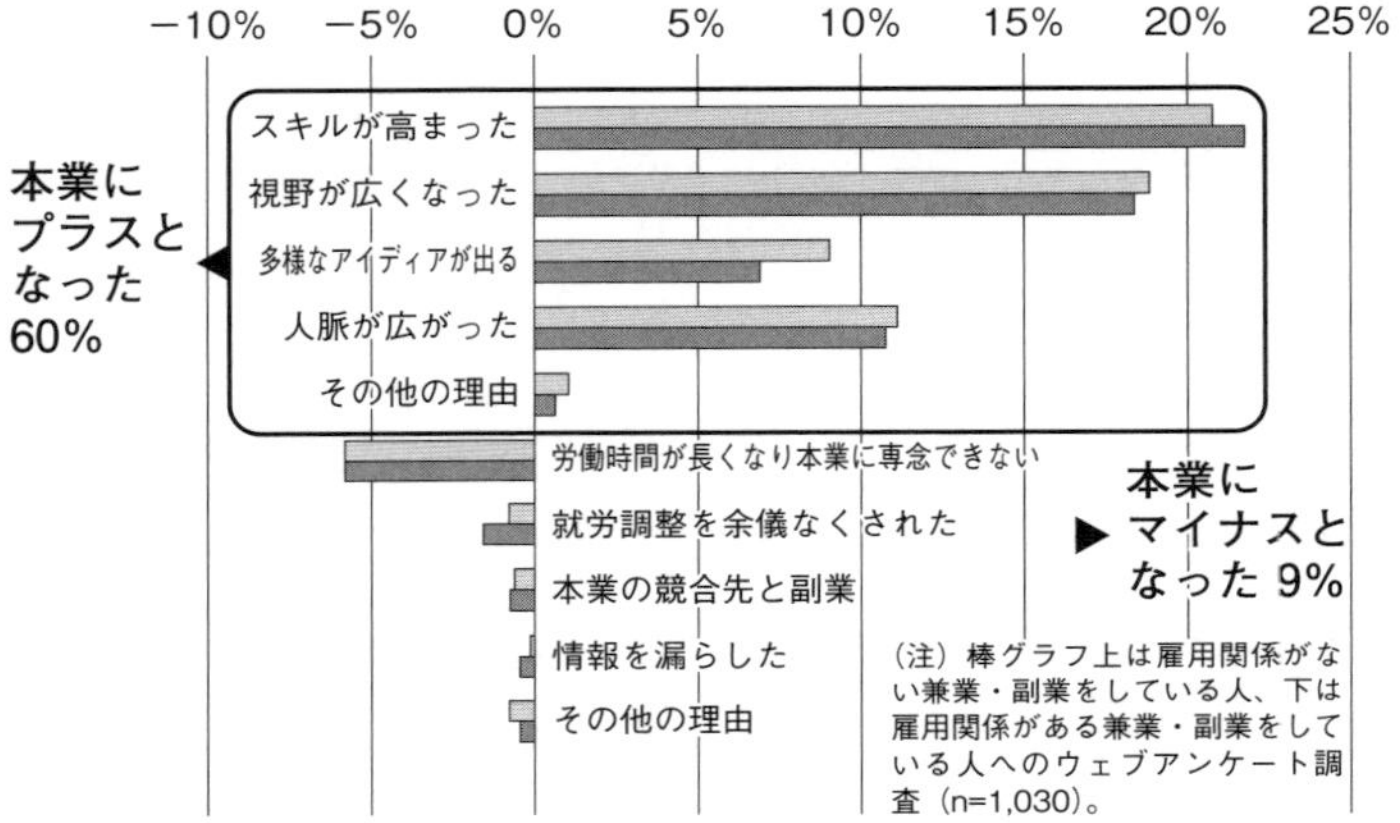

（出所）経済産業省「新たな産業構造に対応する働き方改革に向けた実態調査（平成29年）」

図表27　兼業・副業による本業への影響

評価が下がる、時間的な余裕がなく体調管理も難しい、などという職場では、安心して仕組みを活用できない。まずは、より柔軟に働く場所と時間を選択できるようにして、本業以外の自由な時間を持てるのが当たり前にすることが必要だろう。

その施策として、「副業休暇」「週休三日制」の導入を提案したい。平日のうち週1日が休日となれば、その休日を活用して堂々と他社で働くことができる。自由な時間を増やすことで、本業のアウトプットの低下につながるととらえられる傾向にあるが、視点を変えると、生産性やパフォーマンスの向上につながる可能性もある。人手不足に悩む業種・事業においては、欲しい時間に労働力やスキルを受け入れることが

$$\mathrm{MPS} = \frac{\text{技能多様性} + \text{タスク完結性} + \text{タスク重要性}}{3} \times \text{自律性} \times \text{フィードバック}$$

（Motivating Potential Score）

（出所）職務特性モデル（Hackman & Oldham, 1975; 1980）
※職務特性モデルを数式化

図表28　職務特性モデル

でき、新しいアイディアが欲しい部門では、副業で培ったスキルや人脈を生かして、新たな商品を生み出せる。

　また、他社や他部署から人を受け入れる際には、あうんの呼吸が通用せず、言語化や見える化が必要となり、マニュアル作成が進むだろう。その過程でムダな作業が見え、属人化されていた業務が減り生産性も向上するはずだ。結果的に、労働時間と比例して生みだされる成果とは違う方法で、効率的に価値を生みだす土壌が生まれる。休暇制度単体を見ると、その効果が見えづらいが、人の流動化と休暇制度をセットにすることで、労働時間を圧縮することを手段とした労働時間管理ではなく、アウトプットに視点を置いた本当の意味での働き方改革の一環として、この休暇制度を導入できるのではないだろうか。

　さらに、副業をポーズだけのものとしないために、個々の企業だけでなく、多くの企業が同時に取り組めるような制度や気運の醸成も必要だ。「国民運動として最低一日の副業を促進」するなど、社会全体でアクセルを強めに踏みこめるような取り組みを推進し、実績を積み重ねて文化として根付かせ、継続的な運用を目指したい。

慣習よりやりがいで仕事の意味付けをしよう

経済産業省が副業・兼業による本業への影響を聞いた意識調査によると、プラスの影響があったと考える人は60％にのぼり、マイナスの9％を大きく上回った（図表27）。一企業でそれなりに経験を積み、ゆっくり成長していくスタイルから、所属企業で得られない経験を早い段階で外部に求める方向に変わってきていると言えるのではないか。技術革新が日々進むなか、年代を問わず新たな知識や技術を身に付けることが不断に求められている。この状況を、副業反対を唱えている層はどうとらえているのだろう。

最も洗練されたジョブデザイン理論の一つと言われている「職務特性モデル」によると、モチベーションを左右する要素は①技能多様性、②タスク完結性、③タスク重要性、④自律性、⑤フィードバックである。この流れを数式化したのがMotivating Potential Scoreだ（図表28）。仕事の価値を自律的に見いだし、責任感や役割認識を有機的に結びつけることが「やりがい」となる。

もちろん会社で働く以上は、得意分野だけでなく、やりたくない仕事もやらねばならない。しかし、副業や兼業など外部リソースも含めて、安心して仕事の可能性を広げるきっかけが整備されたなかで、自分が選んだ道であれば、納得感も違うのではないか。新陳代謝が激しい世界で過ごす人生100年。平成最後の年は、仕事の意味付けを再確認して、意識や仕組みを変えるときなのかもしれない。

提言24　イノベーションを生む雇用・労働法制への転換

イノベーション型の雇用類型を法律上つくる

雇用改革の最後の提言は、提言20から23までの提言をパッケージにした雇用類型を労働法制上、位置づけてしまってはどうかというものである。具体的には、これまでの「日本型雇用」とは異なり、欧米のように、雇用契約時に「ジョブ・ディスクリプション（職務記述書）」を個別に締結し、

①職務・勤務地・賃金・勤務時間・出勤日数などの労働条件は個別に交渉して合意する。もちろん、それは人によって内容は異なるもので、配転や転勤などのときは再び契約が必要となる

②労働時間や労働日数ではなく、アウトプット・成果に基づく賃金とし、合意する

③採用や退職にあたって年齢による差別は許されない。つまり、定年は無い

④時間的な管理はなされないため、副業・兼業は当然認められる
⑤職務限定型のため、ジョブの消滅など会社都合による解雇は容認される

という雇用・働き方を労働法制に位置づけようというものだ。

私たちは、このような雇用・働き方を、「メンバーシップ型」と言われるこれまでの日本型雇用と対比して、期待を込めて「イノベーション型」と名付けたい。すでに述べたように、日本経済の再生のカギの一つはイノベーションである。そして、イノベーションが生まれやすくするためには、雇用保障という色彩が強く均質性が高い正社員中心の雇用・働き方から、専門性が高くアウトプット・成果をふまえて賃金が決まる雇用・働き方の普及が不可欠である。このような雇用・働き方が実現できれば、個人にとっては、自分が選んだ分野について頑張って産み出したアウトプットが正当に評価されることで、向上心の維持・スキルの習得が促され、生産性が向上することが期待される。また、多様性が尊重され、異分野との交流による触発がなされるとともに、働く人が強みに特化し、専門性を持つ人材が社会で共有・流動化されることにつながると考えている。

日本の労働法制は、すっからかん

実は、いまの日本の労働法制はきわめてシンプルで、賃金と労働時間が規定されているだけ

と言われている。先に述べたようにこれまでの日本型雇用も法律に位置づけられているわけではなく、あくまで慣行であるが、この明文化されていない慣行ほど、厄介なものはない。時代にそぐわないから変えたいと思っても、変えにくいのだ。

そこで、私たちは、「メンバーシップ型」、「イノベーション型」、さらには、地域・職種限定、裁量労働、在宅勤務などさまざまな雇用類型を法律においてしっかり定義し、それに見合った必要な法規制を用意するといった労働法制の大胆な改革を提言したい。もしこれらがまた時代にそぐわなくなったら、必要な見直しを行っていけばいい。

なお、ここまで世の中に浸透してきたテレワークや副業・兼業がいまだに労働法制に位置づけられていないというのも、ある意味、驚きである。法改正の手間を惜しみ、現行制度の中で泳いできた労働行政のツケがたまっているのではないだろうか。

国の動きを待たずに経営者も労働者も行動を起こそう

日本型雇用は慣行にすぎないことから、経営者・企業はいまからでも、非メンバーシップの欧米型のジョブ型の仕組みや、名称は別にして、よりアウトプット・成果を重視した雇用契約を締結することが可能である。制度的な壁はいっさい存在しないのだ。新卒一括採用、職務無限定、年功序列賃金、退職金の支払い方なども、労働法制で定められたものは一切ない。国・

政府の動きを待たずに、経営者の腹一つですべてを変えることができる。ぜひ実行してほしい。

一方、労働者には、雇用保障に安住して一つの会社にしがみついて生きる働き方を捨て、経営者・企業と対峙できる強い個を実現すべきだ。40代、50代になってくると、子どもの教育の問題を抱えている者も多い。しかし、もはやどこの学校に入るか、どこの会社に入るかではない。どこでは重要ではなく、どう働き、どう生きていくかが問われている。子どもたちから見ると、親の世代は日本型雇用のど真ん中を歩んだ会社人間であったわけで、反面教師でしかない。そして何より、私たち自身であるが、管理職として労働時間の自由が効くいま、空いている時間で、社会人大学院に通ったり、副業をしたり、地域で社会貢献事業に汗を流したりして、自己研鑽に努めるべきだ。メンバーシップ型の会社・官庁には自分の代わりはいくらでもいる。自身の腕一つで、世の中を渡り歩くことができる能力を身に着けて、いまの会社・官庁を巣立つことこそが、日本経済の再生につながる可能性を高めると考える。

いま、私たち労働者に求めれているのは、一人ひとりの行動なのである。

第5章

再起動の、土台固め

～労働人口減少対策と社会保障改革～

労働人口減に対する対策

減少し続ける日本の人口

経済の規模は「人口×生産性」で決定される。第4章では主に「生産性」に着目してきたが、ここからは「人口」、とくに「労働人口」に着目してみたい。

残念ながら、厚生労働省によれば、日本の人口は２０４８年に約1億人にまで減少すると推計されている（図表29）。とくに生産年齢人口（15〜64歳）については、２０１８年の約７５００万人から２０４８年の約５４００万人と、約30％弱の大幅な減少が見込まれている。ＩＴ革命や「転職が当たり前の世の中」によって、せっかく一人当たりの生産性を高めても、労働人口減は日本の経済成長の足を引っ張ることになる。

「労働人口」減に対する対策としては、次の3つが考えられる。すなわち

①日本人の「人口」そのものを増やし、ひいては「労働人口」を増やす

②高齢者や女性などの労働参加率を高めることにより「労働人口」を増やす

③「労働人口」となる外国人を受け入れる

の3つである。それぞれ検討してみよう。

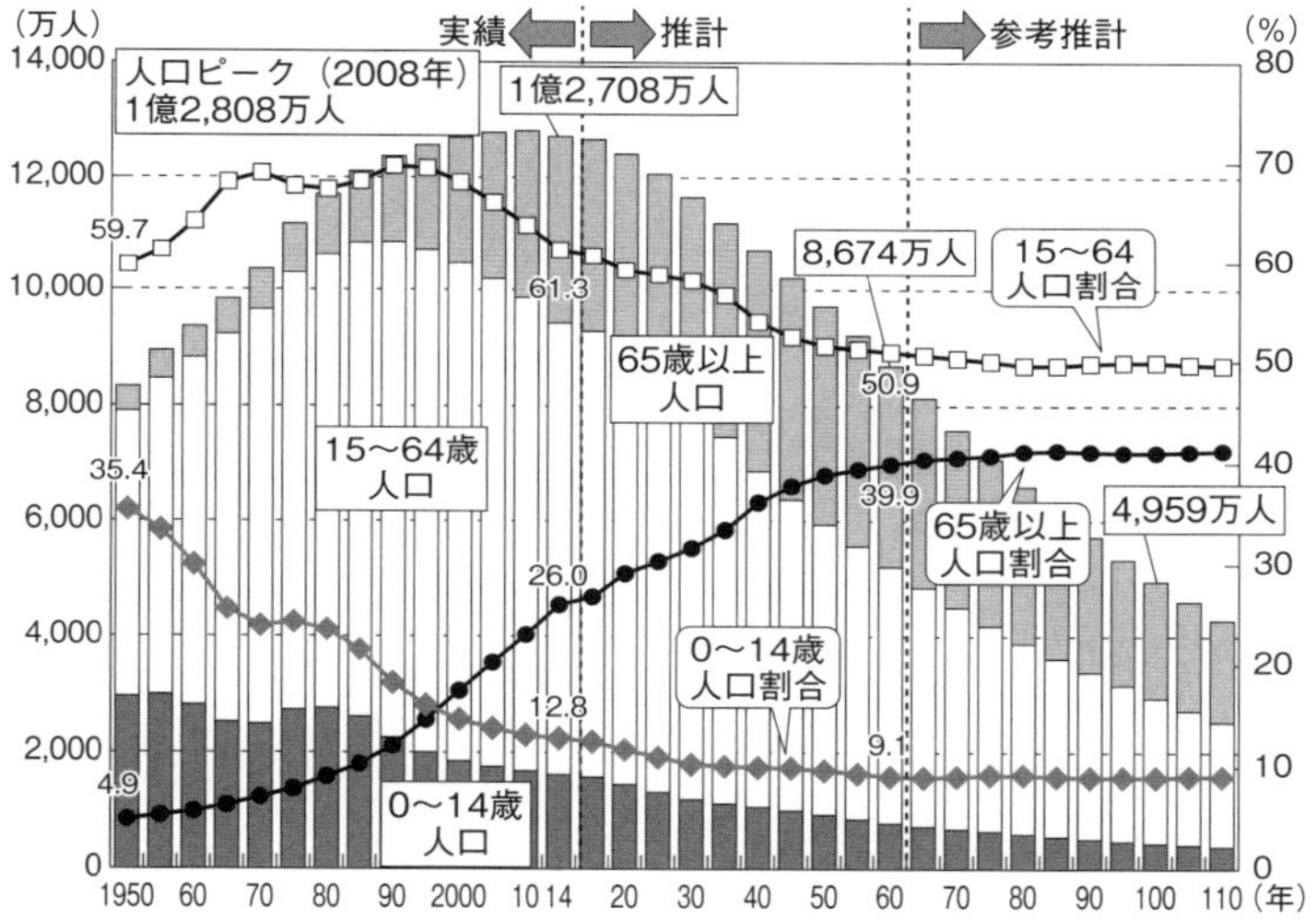

（出所）厚労省「平成27年版厚生労働白書」

図表29　日本の人口推移

人口は増やせるか？

人口増加のためには出生率向上が不可欠であり、安倍政権になって「希望出生率1・8」が数値目標として掲げられた。しかし、現在の人口を維持するだけでも出生率は「2・07」以上が必要であり、目標が達成されたとしても人口減少に歯止めをかけることはできない。

結婚したカップルが産む子どもの数を示す結婚出生率が1・92で「1・8」を上回っているにもかかわらず、出生率が2015年現在1・45と低迷している理由は、未婚化・非婚化である。

諸外国にくらべて婚外子が少ない

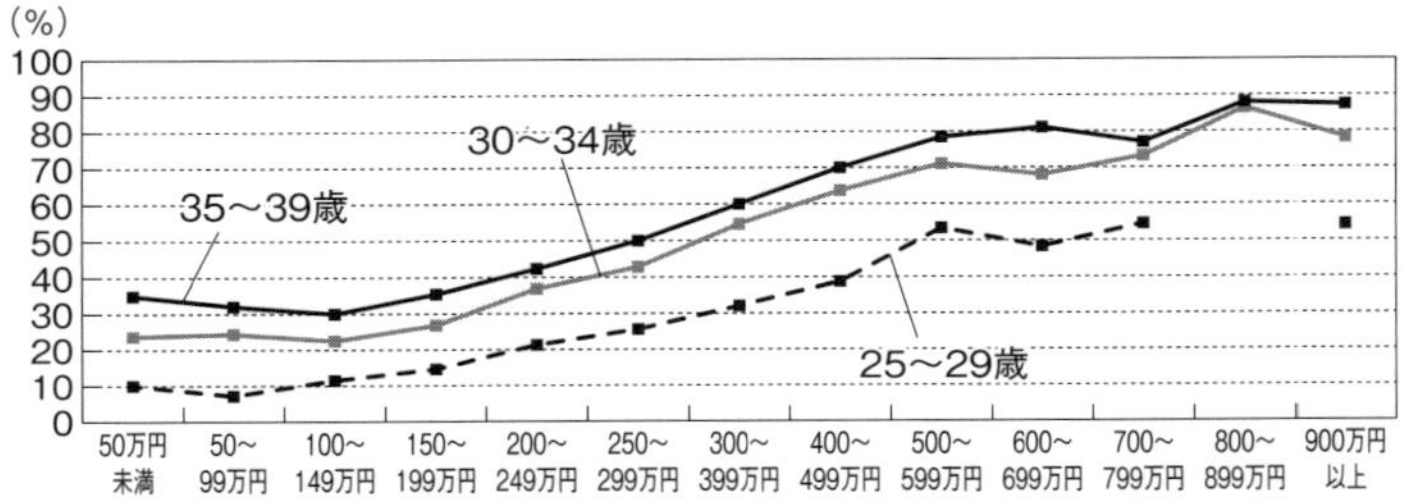

（注）25～29歳の800～899万円の集計区分については標本数が少なく割合が算出できない。

（出所）内閣府「平成29年版少子化社会対策白書」

図表30　男性の年収別有配偶率

日本で出生率を引き上げるためには、結婚を増やすことが不可欠だが、２０１５年現在の55歳までの平均未婚率は男性約25％・女性約15％に達しており、しかも上昇傾向にある。とくに年収の低い非正規雇用の男性が結婚できないのは各種統計（図表30）・研究からも明らかになっており、私たちがある結婚相談所にインタビューしたところでも「年収の低い男性をマッチングすることは非常に困難」とのコメントがあった。

　希望出生率「１・８」は「いずれ結婚を希望する」と答えた独身女性の９割が必ず結婚し、かつ、子ども２名を必ず産むというハードルの高い前提に基づくものだが、安定雇用で高年収の独身男性が限られる以上、希望しても結婚できない人が生じることは避けられない。しかも、出生率を上げることができたとしても、第二次ベビーブーム世代は40代後半に達しつつあり、子どもを産むことができる年齢層の女性がすでに大きく減少しているなか、日本人の

「人口」を増やし、ひいては「労働人口」を増やすという取り組みは相当困難な道のりといわざるを得ない。

もちろん人口減少に対し、手をこまねいていてはならないのは当然のことだ。

まずは、これまで掲げた提言を確実に実施し、能力に基づく評価が徹底されることで正規と非正規の区別をなくし、「非正規だから結婚できない」という現状を変えることが必要である。生産性の低い企業を退場させつつ、賃金水準の底上げを図るため、現在安倍政権が進めている最低賃金の引き上げをさらに加速化させることも重要だろう。

これらに加え、婚姻した若年夫婦の所得税や社会保険料を軽減し、子どもが生まれたらさらに軽減するべきではないだろうか。理想の子ども数が実現できない最も大きな原因である「子育てにお金がかかりすぎる」という問題を解消し、モデル家族として社会的に定着している「夫婦＋子ども2人」という常識を打破するためにも、3人目以降の子どもを育てる子育て世帯に対する現金給付・所得控除を思い切って手厚くし、「子ども3人以上は当たり前」という社会をつくり上げていくことが必要だ。

ただし、仮にこれらの施策が直ちに功を奏したとしても、生まれた子どもたちが「労働人口」になるのは約20年先の話だ。一人当たりＧＤＰに着目して私たちは議論してきたが、生まれてきた子どもたちが働くことのできる「労働人口」になるまでの間は、むしろ生産に寄与しない

「従属人口」として一人当たりGDPを押し下げてしまう。

したがって、「労働人口」を増やしつつ、高い「生産性」をより迅速に実現する方法を考える必要がある。

女性・高齢者の更なる活躍は可能か？

「人口」を増加させることが簡単ではないとすれば、「人口」に占める労働者の割合、すなわち労働参加率を向上させて「労働人口」を増加させることが次の手段として考えられる。日本はこれまで、男性正社員を中心とする社会構造を形成してきたが、この有事に対応するためには、男性のみならず女性も、現役世代のみならず高齢者世代も、あらゆる人々がフル活躍する総動員・総力戦の体制を構築することが不可欠であり、この対策は、人口増加対策よりも即効性と確実性がはるかに高い。

また、ここまでの提言で述べたとおり、男性正社員を中心とする画一的な日本企業の仕組みでは、新たなイノベーションを起こしていくことは難しく、ひいては日本経済の生産性向上を達成することができない。企業に多様性をもたらす観点からも、女性や経験値の高い高齢者の労働参加率を高めることが必要だ。

そこで、まず女性について見てみよう。

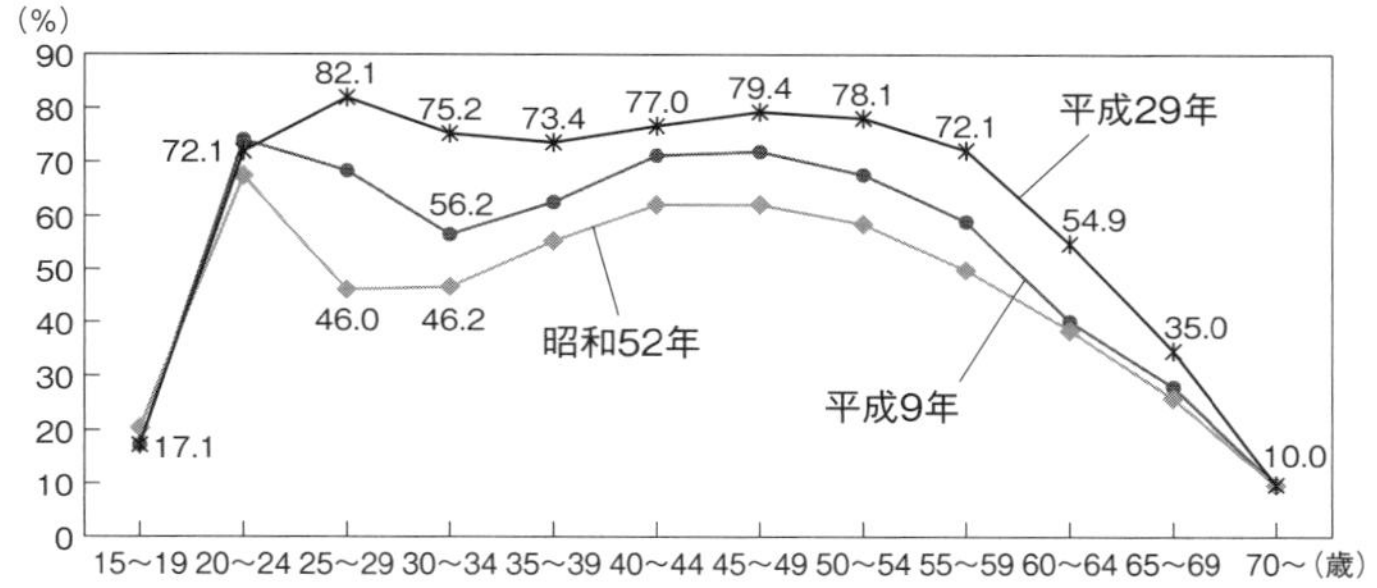

（備考1）総務省「労働力調査（基本集計）」より作成
（備考2）労働力率は、「労働力人口（就業者＋完全失業者）」／「15歳以上人口」×100
（出所）内閣府「平成30年版男女共同参画白書」

図表31　女性の年齢別労働参加率

女性の労働参加については、「ウーマノミクス」が安倍政権のスローガンとなり、少子化対策の観点も踏まえた保育所の整備や働き方改革といった施策を講じられることにより、女性が働きやすい環境が整えられつつある。また女性活躍推進法により、企業が女性活躍推進計画を策定することが義務付けられ、企業におけるダイバーシティ経営を促進するための後押しが進められた結果、女性の労働参加率は上昇している（図表31）。政府の施策が功を奏しており、まずはこれを確実に推進していくべきだ。

高齢者についてはどうだろうか。

結論から先に言えば、日本の高齢者の就業率は国際的に見てもすでに高い（図表32）。もちろん、年金受給者は働けば働くほど年金がカットされる構造になっているなど、高齢者の就業を阻害する要因がまだ残っていることから、これらの阻害要因は除去

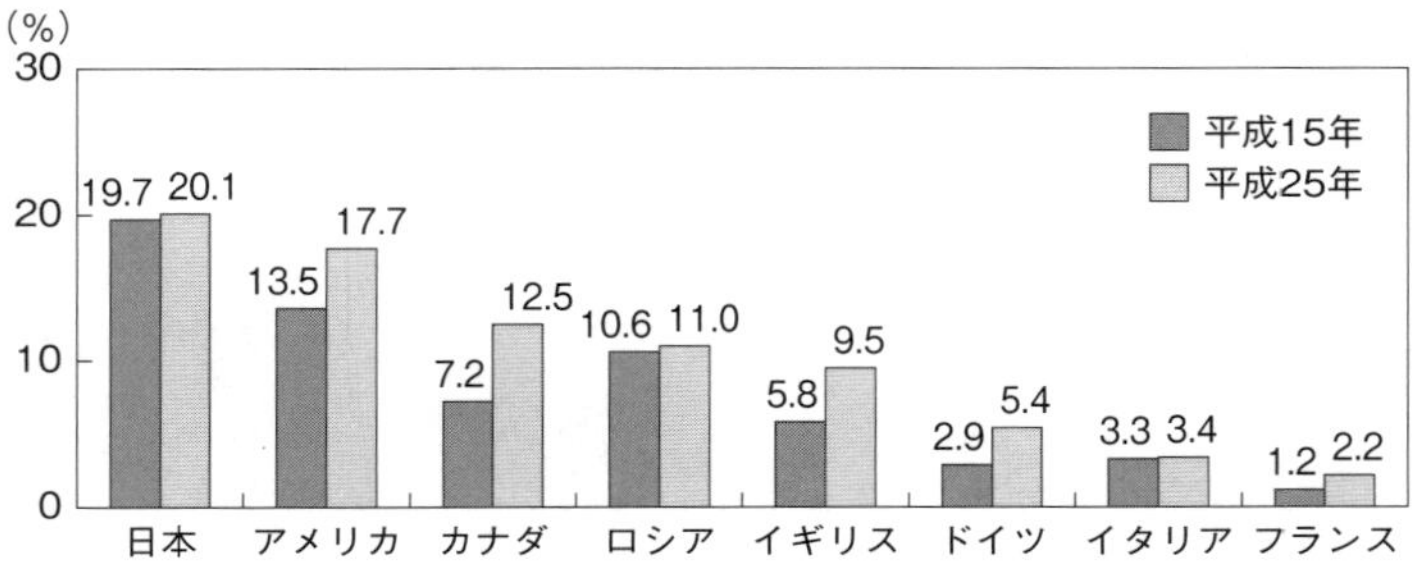

（出所）総務省「平成26年統計トピックスNO.84」

図表32　高齢者就業率の国際比較

していく必要がある。また、私たちが提言する「定年制の廃止」などにより、知識・経験・技能を有する高齢者の活躍の場がさらに広がっていくことが期待される。実際、全体としては高齢者の就業率は上昇傾向にある。

このように、女性・高齢者については、いまだ課題は残っているものの、政府や企業における取り組みが進みつつあるといえる。

外国人を受け入れるべきか？

「労働人口」増加のための最後の検討課題は、外国人の受け入れである。論争が尽きないテーマであり、これまでは施策が停滞してきたといわざるを得ない。そこで、私たちはここを深掘りしてみた。

単に労働力不足だからという理由で外国人労働者を受け入れれば、それを「移民」と呼ぶか否かにかかわらず、欧米ですでに見られるような排斥運動やテロを含む社会不安

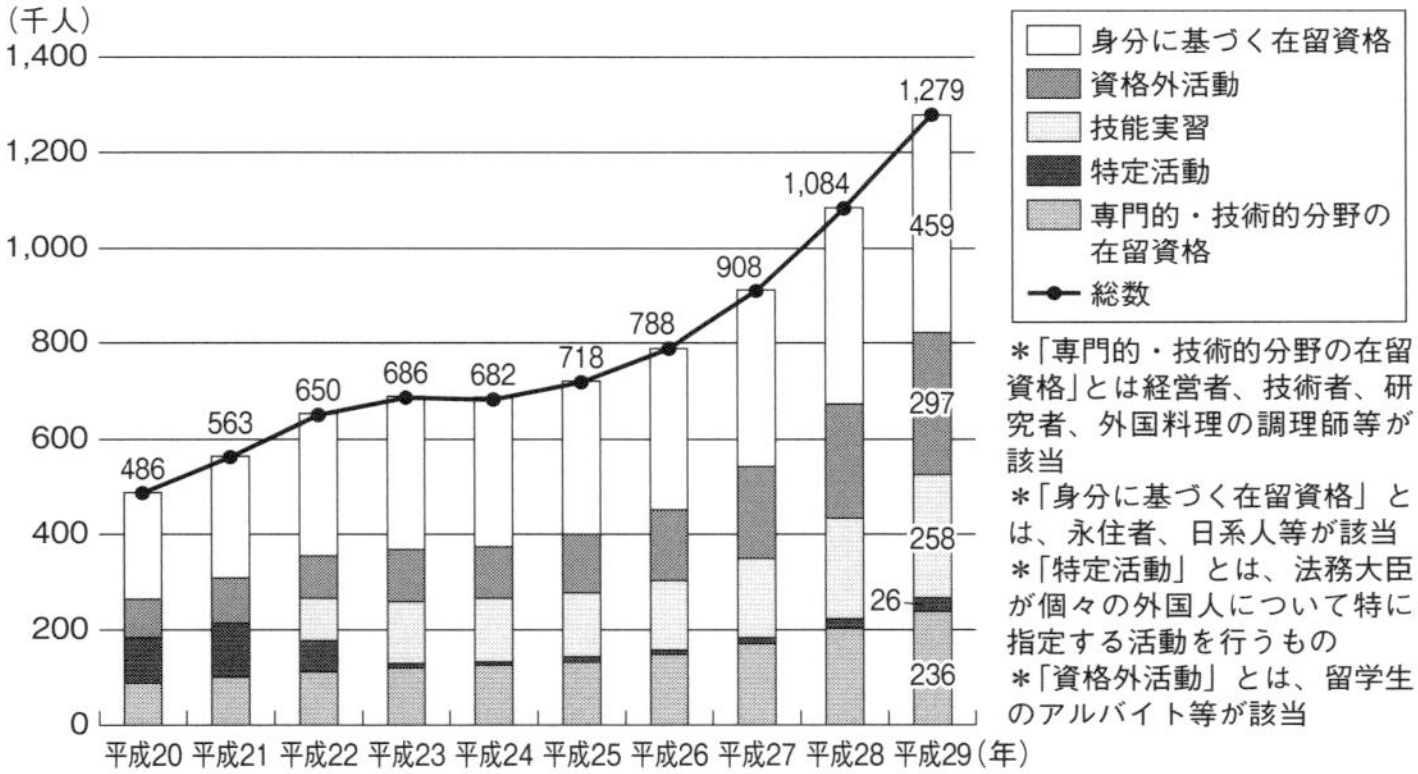

（出所）厚労省　「外国人雇用状況」の届出状況まとめ（平成29年10月末現在）

図表33　在留資格別　外国人労働者数推移

を生じかねない。また、生産性が低い企業が外国人を低賃金で受け入れ、不当な搾取で延命することは、かえって日本の生産性向上の足を引っ張ることになる。さらに、日本語ができない外国人労働者を受け入れることは、地域社会から孤立したコミュニティの形成にもつながりかねず、これに対処するための社会的コストも莫大なものになるだろう。

ところが、実は現在、すでに約１２８万人の外国人が日本で働いているのだ。内容を分析すると、うち約26万人は技能実習生による技能実習、約30万人は留学生による資格外労働という労働ビザによらない外国人「労働者」である（図表33）。このようなし崩し的な受け入れが進んだ結果、留学生による違法な資格外労働や技能実習生に対する雇用主の不当労働行為、渡航費用のために工面した借金返済目的で敢行された犯罪など、さまざまな問題が生じている。このような問題に対して、政府はようやく2018年6月に閣議決定された骨太の方針に基づき、新たな外国人就労ビザの創設を含む外国人労働者受け入れ施策を検討することにしている。今後は、治安や日本語教育という観点も含めた具体的な検討が進んでいくだろう。

だがしかし、それ以上に日本の取り組みが遅れている「外国人」に関する施策の停滞分野がある。

それは、日本経済の生産性を向上させることが期待される高度外国人材だ。

これに対する政府や企業の取り組みは進んでいないといわざるを得ない。たとえば、政府は日本の産業にイノベーションをもたらすことが期待される人材を集めるため、2012年に入国・在留手続きの優先処理などの優遇措置を認める「高度人材ポイント制」を導入したが、各国が高度人材の獲得競争を進めるなか、経済が停滞する日本に高度外国人材を集めるのは容易なことではない。実際、2017年現在でも累計認定は約1万人にとどまっている。

高度外国人材「育てるニッポン」

だとすれば、高度外国人材の卵である留学生を受け入れ、日本で学んでもらい、育ってもらい、高度外国人材となってもらい、日本企業で働いてもらうというのはどうだろうか。戦前に

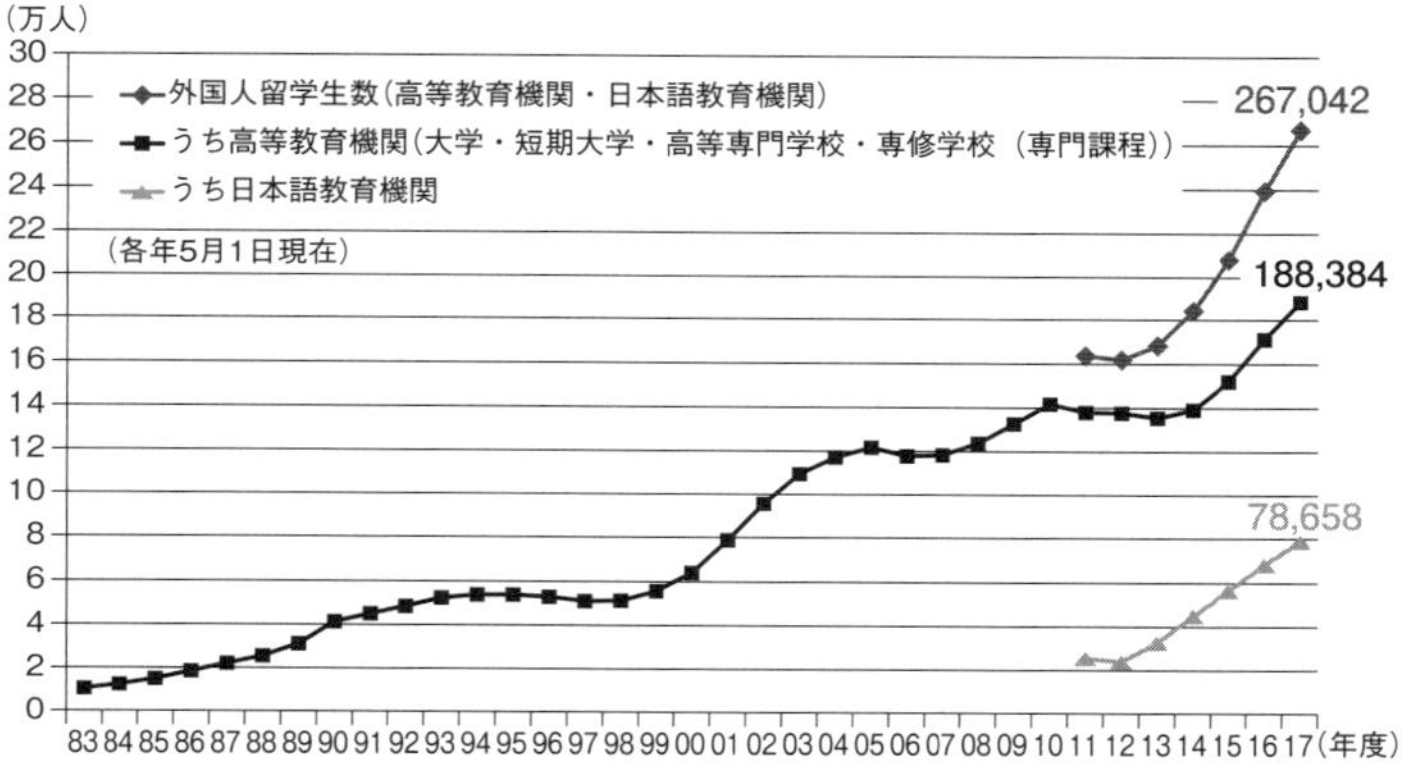

*「出入国管理及び難民認定法」の改正（平成21年7月15日公布）により、平成22年7月1日付けで在留資格「留学」「就学」が一本化されたことから、平成23年5月以降は日本語教育機関に在籍する留学生も含めて計上している。

2017年5月1日現在

国・地域名	留学生数(前年数)	対前年比	国・地域名	留学生数(前年数)	対前年比
中国	107,260(98,483)	8,777	インドネシア	5,495(4,630)	865
ベトナム	61,671(53,807)	7,864	ミャンマー	4,816(3,851)	965
ネパール	21,500(19,471)	2,029	タイ	3,985(3,842)	143
韓国	15,740(15,457)	283	マレーシア	2,945(2,734)	211
台湾	8,947(8,330)	617	その他	28,076(24,706)	3,370
スリランカ	6,607(3,976)	2,631	合計	267,042(239,287)	27,755

（出所）文科省「外国人留学生の就職支援について」（平成30年３月15日）

図表34　外国人留学生数の推移

は、日中国交正常化を成し遂げた中国首相・周恩来氏のように、多くのハイレベルの留学生が日本で学んでいた。日本を理解しつつ、硬直した日本企業に多様性をもたらし、さらには経済成長が期待される母国との架け橋として彼らが活躍すれば、「生産性」の高い「労働人口」によって、日本の経済成長と母国の経済成長の双方が達成される。

　実は日本は、２０２０年までに留学生を30万人にする計画を立てている。統計上は近年、留学生が急増しており、２０１７年現在、約27万人に達している（図表34）。一見すると今後に期待ができるようにも見える。

ところが、その実態はお寒いものだ。最近急増している留学生は、実は日本語学校への留学であり、大学生・大学院生の数はあまり増えていない。私たちがインタビューした留学生の支援に携わる専門家たちからも口を揃えて、「最近の留学生の質は落ちている」とのコメントがあった。それどころか、日本語学校の中には、あたかも人材派遣業者のように、留学生に法定の労働時間を大幅に超過する資格外労働を行わせ、その経営者らが不法就労幹旋事件の容疑者として検挙されたものもある。日本語学校が、単なる外国人単純労働者受け入れのための隠れ蓑となっているのではないかとも懸念される。

また、大学生・大学院生のうち、日本で就職をすることができた者は4割にも満たない状況にあり、日本で学問を修めた多くの留学生が就職の夢破れて日本経済に貢献することができないまま帰国している。このような状況では、今後、高い能力を有する留学生が増加するどころか、日本の悪評が広まり、かえって真に学びたい留学生が減少することにもなりかねない。

そこで、高度外国人材の卵を日本で育て、働いてもらい、日本人のみならず高度外国人材もフル活躍する総動員・総力戦の体制を構築し、日本の生産性を高めるための抜本的な取り組みを講ずる必要がある。

これを私たちは「高度外国人材『育てるニッポン』」と名付け、具体策として、次の2つの提言を世に問いたい。

提言25　留学「大学」生30万人計画

増やすべきは「高度外国人材」たる大学生・大学院生

2008年1月の総理施政方針演説によって打ち出された「留学生30万人計画」は、同演説に「産学官連携による海外の優秀な人材の大学院、企業への受け入れの拡大を進めます」とあるとおり、その理念は間違っていない。問題はその理念が形骸化し、単に「留学生数」という量のみを追いかけたことにある。

まずは政府において、改めて計画の趣旨が高度外国人材の獲得にあることを踏まえ、「30万人」を大学生・大学院生に限定し、そのために真に必要な施策を推進する旨を明確に打ち出す必要がある。

産学官が連携して高度外国人材のリクルートを進めよう

そのうえで、日本企業に高度外国人材を送り出す教育機関自体が変わる必要がある。日本の経済成長に資する人材を送り出せない教育機関には存在意義がない。

現状を放置すると、今後18歳人口のますますの減少が予測されるなか、定員割れが見込まれる一部の大学が、入学金や学費獲得のために日本の就職事情に疎い留学生を日本語学校を通じてかき集め、適切な教育を施すことなく卒業させ、彼らが日本企業に就職できないまま帰国せざるを得なくなるという、更なる状況の悪化が懸念される。

このため、まずは大学に対し、卒業する留学生の日本企業への就職実績や就職に必要な日本語能力試験の合格実績の公表を義務付け、正確な評価に基づく大学間の競争原理を働かせることが必要で、その情報を留学生を送り出す国でも参照できるよう、公的機関においてとりまとめ、発信していく必要がある。もちろん英語での発信を義務づける。

実績好調な大学については、積極的に政府が広報するなどして留学生の入学を後押しし、低調な大学に対しては大学助成金を減額するなどすれば、とかく「私たちは就職予備校ではない」などと主張する大学も、ビジネスで使える日本語教育や企業講師による授業など就職に役に立つカリキュラムを組んだり、企業と提携してインターンシップを実施するなど、必死になって留学生への支援を行うようになるだろう。

また日本の大学は、留学生の供給を専ら日本語学校に依存している状況にあるが、海外のトップクラスの大学が行っているように、直接送り出し国に赴いて優秀な留学生を獲得することを進めていくべきだ。日本の大学は残念ながら世界的には知名度は低いものの、欧米と比較すれば学費は安く、また、著名な日本企業とともに現地に赴けば、優秀な学生の獲得も期待できる。

実は、このような取り組みは、２００７年から実施された「アジア人財資金構想」にその萌芽が見られる。この構想は、優秀な留学生の日本への招聘、日系企業での活躍の機会を拡大するため、産業界と大学が一体となり、留学生の募集・選抜から専門教育・日本語教育、就職活動支援までの人材育成プログラムを一貫して行った。その結果、きわめて多くの留学生が日本企業に就職し、現在、彼らは日本経済に大きく貢献している。

残念ながら、いわゆる「事業仕分け」によって２０１２年に廃止されてしまったが、いまこそさらに拡大された政府の取り組みとして推進していくべきだ。

日本語教育の水準確保

加えて、大学で学ぶ留学生がまず日本語能力を得るために通う日本語学校についても改革が必要だ。日本語学校は文部科学省ではなく、出入国管理の観点のみから法務省が所管しているが、これを文部科学省との共管とし、日本語学校規制法（仮称）を制定するなどして、卒業生の日本語能力が目標となる水準に達しないケースでは、業務改善命令などを行うことができるようにし、その水準確保を図るというのはどうか。

以前は、日本語教育振興協会が日本語学校の能力を審査する制度があったが、残念ながら、これも「事業仕分け」によって廃止されてしまった。質の低い日本語学校をこれ以上増加させないよう早急な対策が必要だ。

提言26 企業における「外国人登用計画」の策定

夢破れて帰国する留学生たち

単に優秀な留学生を増やすだけでは、4割に満たない日本企業への就職率を上げることはできない。何よりも日本企業自体が変わらなければ、日本における高度外国人材の活躍は見込めるはずもない。

いま留学生は、日本企業に就職するために、日本型雇用制度の下、日本人学生と同様に日本語でエントリーシートを記入し、適性検査を受け、リクルートスーツを購入し、日本語の面接を受け、そして就職できずに失意のうちに帰国している。また採用された場合でも、日本人と同じ年功序列賃金・終身雇用制度という処遇・評価制度の下、低い初任給と遅い昇進に失望して帰国していく。

このような状況に対応するためにも、まずは何よりも私たちが提言する「部門別採用への転換」（185ページ参照）など、日本企業における人事制度の改革が不可欠だ。

しかしながら、高度外国人材の活躍を進めるためには、この施策のみでは推進力が足らないように思う。単に外国人の活躍を支える基盤を整えるのみならず、より積極的に外国人の登用を進めるような施策はできないだろうか。

外国人活躍推進法を制定しよう

改めて多様な人材を登用するための日本の施策を見ていくと、女性に関しては、コーポレートガバナンス・コードに「女性の活躍促進を含む社内の多様性の確保」という項目がある。実施しない場合には、企業は投資家に対して、なぜ実施しないのかの説明責任を負うこととなる。また、一定の規模を有する企業は、女性活躍推進法の規定により女性活用計画を策定し、採用数や幹部登用数などの目標を設定することが義務付けられている。

多様性の確保という観点から見れば、女性も外国人も同じだ。だとすれば、高度外国人材についてコーポレートガバナンス・コードに規定すれば、女性と同様に、外国人の活躍も促進されるはずだ。また、日本におけるマイノリティである外国人について、その活躍を推進する法律を制定し、たとえば海外との関係を有する企業に対し、外国人の活躍に関する状況把握と課題分析を行わせて外国人登用計画の策定を義務付ければ、外国人の活躍促進が図られるだろう。さらには、外国人登用状況を踏まえた多様性のある企業に対する投資を促進するべく、投資家にとっての行動規範であるスチュアードシップ・コードに規定することも検討に値するだろう。

高度外国人材「育てるニッポン」

人口が減少し、日本市場がこれまでのように伸びない可能性もあるなか、多くの日本企業は海外の市場に打って出ることが不可欠となっている。その一方で、国際人材は不足している。

正にいま、その不足している国際人材として高度外国人材が活躍すれば、「生産性」の高い「労働人口」として、日本経済の成長にも大いに資することになるはずだ。また、留学生がその担い手となれば、「日本は外国人にオープンで積極的に受け入れる」「日本に留学すれば日本企業に就職できる」という日本の変化が海外に発信され、さらに留学生が増加するという好循環が期待できる。

入口の「留学『大学』生三〇万人計画」と出口の「外国人登用計画」が相まって、日本の生産性向上のための高度外国人材の活躍、すなわち「高度外国人材『育てるニッポン』」の花が咲くことになる。

私たちはそう信じている。

社会保障を重荷にしないためのシンプルな提案

社会保障費で日本は倒産？

ここからは日本の経済成長の土台となる社会保障制度を考える。

「日本の社会保障制度は充実してるか？」と聞かれれば、ほとんどの人はいつでも病院に行ける、自己負担割合が低い、介護保険も整備され、高齢になっても安心して生活できる環境が整っているなどの理由により「Ｙｅｓ」と答えるだろう。しかし冷静になって考えてほしい。これからの超少子高齢化時代、この素晴らしい社会保障システムを維持することはできるのだろうか。私たち40代団塊ジュニア世代は、このシステムを維持するための莫大なコストを自分たちの子どもに背負わせて本当にいいのだろうか？

２２６ページの図を見てほしい（図表35）。厚生労働省は、２０１８年5月21日に税や保険料で賄う医療、介護などの社会保障給付の費用が２０４０年度には１９０兆円になるとの推計を公表した。私たち一般人にとっては、１９０兆とは想像もできない数字である。このうち、税が80兆円、保険料が１１０兆円にもなるのだそうだ。先日の新聞で「防衛予算過去最大５・19兆円」と大きな見出しが出ていた。社会保障費とは比較にならない小額だ。隣国との外交問題で日本の安全が脅かされるなか、防衛予算はこんなに少ないのに、社会保障にこんなに使っ

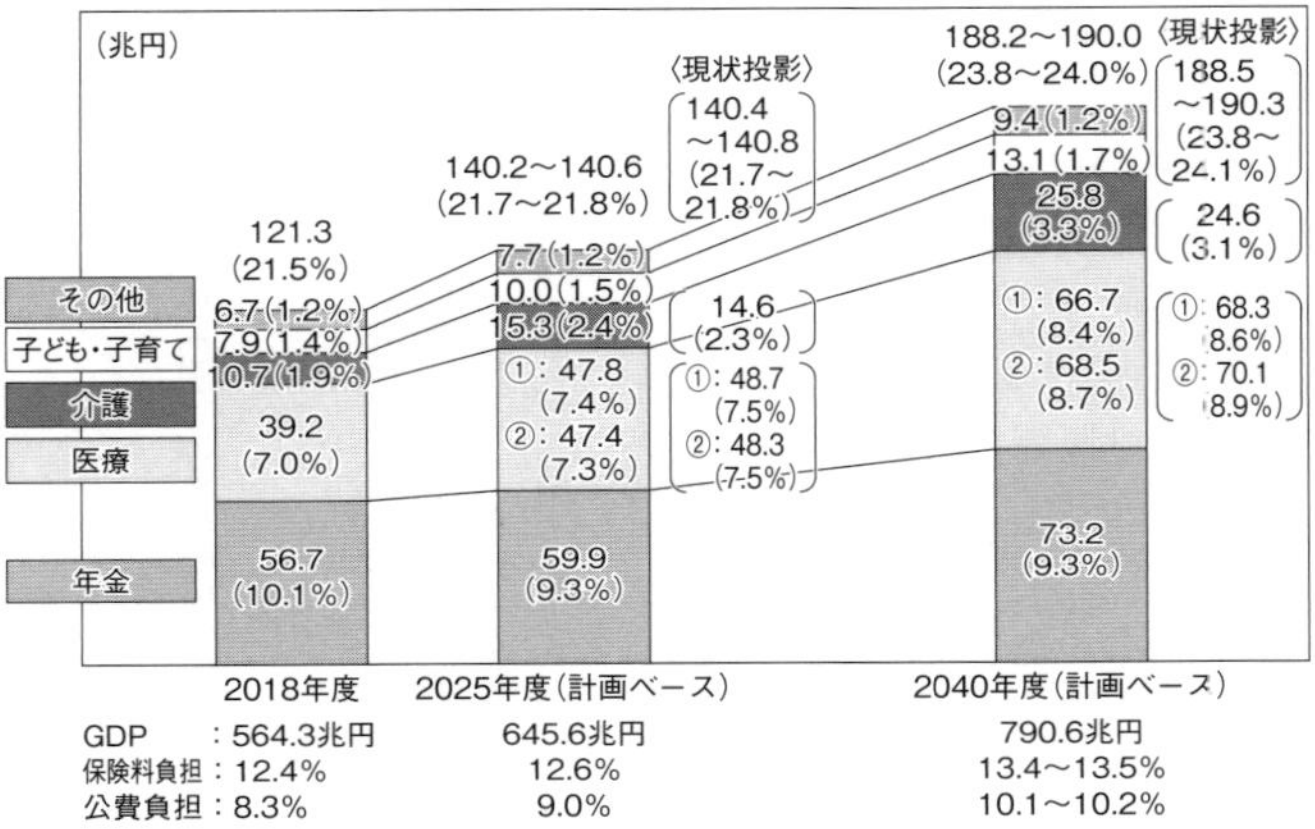

（注）医療については単価の伸び率の仮定を2通り設定しており、給付費も2通り（①と②）示している。

（出所）内閣官房・内閣府・財務省・厚生労働省（2018）

図表35　2040年を見据えた社会保障の将来見通し

ていいのだろうかと考えてしまう。社会保障費を日本の国家予算と比較して考えると、企業であれば間違いなく倒産するレベルだ。

変わり果てた外部環境

日本の社会保障制度は昭和30～40年代に確立されたと言われ、長らく全国民への公平な医療サービス・年金制度を実現してきた。それ以降時代とともに充実が図られてきているものの、経済の低成長が続き、急激な超少子高齢化時代の到来を迎え、社会保障システムの矛盾が表面化し始めている。今後人生100年、楽しく過ごせる社会保障制度の実現のためには、抜本的な改革・痛みを伴う改革が必須だ。

進まない社会保障改革

１９９０年代以来、新聞や書籍では社会保障財政について危機感が繰り返し煽られてきた。まさに議論は百家争鳴である。しかし、それぞれの議論は専門的すぎて、私たちの不安を解消するわかりやすい議論はなかなか見あたらない。将来不安による個人消費や企業投資の「自己抑制」のみが増長しているように感じる。

政治的な視点では、社会保障改革は、短期的には利用者や関係者（病院など）に負担を伴うものであるため、取り組むには政権側の実力と覚悟が必要だという。「実力」というのは、まさに、社会保障改革をうまく国民に対して説明し、結果的に多少支持率が減ってもやり抜ける安定政権であることであり、また支持率が減ってもやり抜こうという「覚悟」である。

そういう面からみて、現在の安倍政権は毎年着実に社会保障改革を進めているといえる。70～74歳の医療費自己負担額を段階的に1割から2割へと引き上げ、75歳以上の後期高齢者の医療保険料の軽減特例を廃止し、一定以上所得がある高齢者の介護保険の自己負担割合を引き上げるなど、毎年ほふく前進のように少しずつ改革が進んでいる。しかし、このように毎年改革を少しずつ小出しにする方式では、本当に高齢化が深刻になる20年後、30年後の社会保障の姿が見えてこず、１００年安心の医療・介護は実現できるかどうかは非常に不安だ。

そこで、私たちの大半を占める企業人からみた、骨太な長期スパンの改革案を考えてみたい。

ここでの社会保障改革の考え方は、大きく3つである。

第一に、社会保障について長期に安定する構造改革をすることで、社会の重荷から解放し、むしろ社会保障を成長の起爆剤としていくこと。

第二に、多様化する生活スタイルの中で一人ひとりのライフスタイルにあった社会保障制度を構築すること。

第三に、さまざまな社会変化に応じて、一人ひとりが安心して働ける環境を整備し、また高齢者が安心して生活できる十分なセーフティネットをつくることである。

提言27 「100年安心」の医療・介護のための三大改革

「100年安心」の医療・介護のために

まず、高齢化にともなって増大する年金、医療、介護という3つの大きな経費のうち、年金については小泉内閣による「100年安心」を掲げた改革（2004年）により、現役世代の人口減少に応じて高齢者一人当たりの年金額が自動的に抑制される制度「マクロ経済スライド」（年金の支え手である被保険者（加入者）の減少や平均寿命の延びを考慮して、受給者の年金額を変動させる制度）が導入され、制度の破たんは防げる状態になっている。一方で、医療と介護は、業界団体による既得権益を守るための抵抗も強く、医療・介護費増大に大きくメスを入れることができていない。今後の後期高齢者の増加と医療の高度化による医療費増大を考えれば、すぐにでも長期的視点に立ち、社会保障の抜本改革の一歩を踏み出さなければならない。

医療介護費の自動調整システムの導入

社会保障の経費が将来どれくらい増加するかに関する超長期の試算はほとんどないが、財務省の審議会が数年に一度推計しているのが２３０ページの図である（図表36）。これによると、高齢化が落ち着く２０６０年までの約40年間で、各経費合計のＧＤＰ比で５％程度の増加となる。

私たちの提言はきわめて単純である。

社会保障の経費が現在のＧＤＰ比のままだとすると、５％÷40年＝年間０・１２５％ずつ、医療・介護の経費を縮小させていく仕組みがあれば、ぎりぎり将来にわたって負担できることになる。

多少技術的になるが、具体的方法としては、２種類ある。

一つ目は、診療報酬と介護報酬の単価（いまは1点原則10円）を年間０・１２５％ずつ自動削減する仕組みだ。ただし、これだけでは定期的に行われる報酬改定において、この自動削減

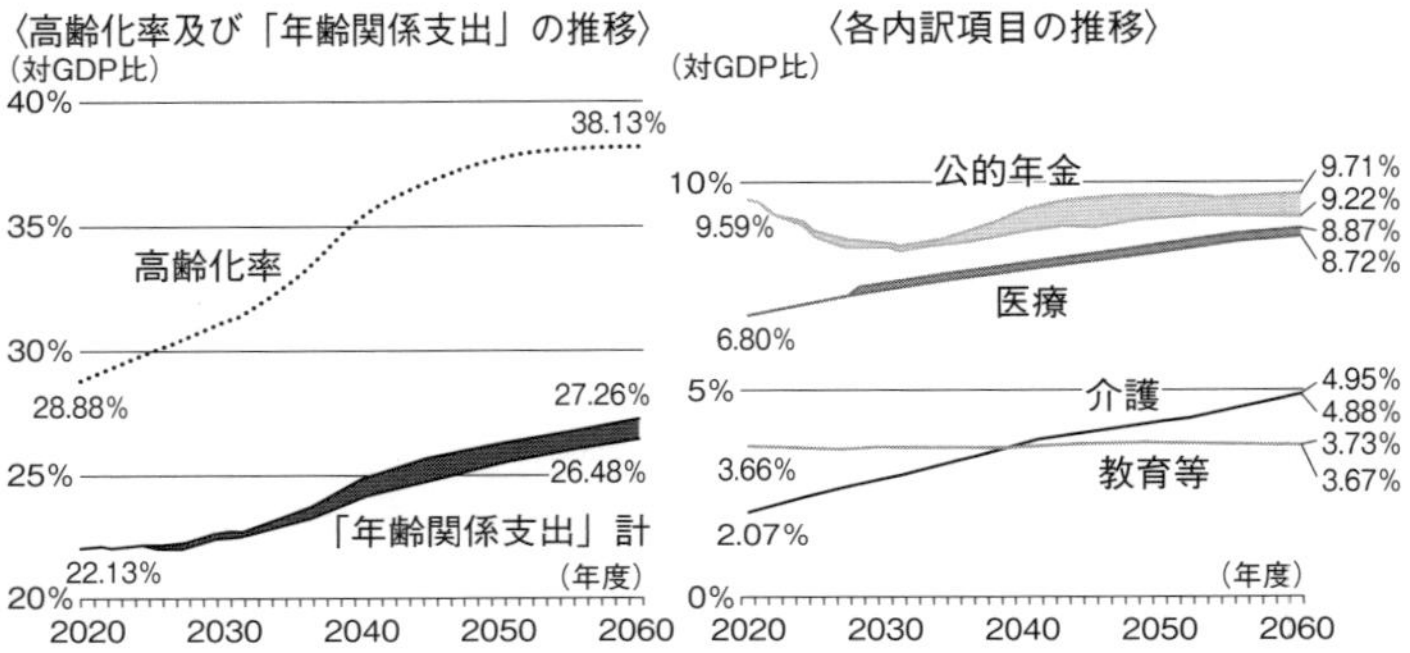

（出所）財務省「起草検討委員提出資料」（2015）

図表36　高齢化率及び年齢関係支出の推移とその内訳

分を埋め戻すような動きが出るかもしれない。また、そもそも前記の財務省の試算の前提となる名目経済成長率は１・６～３・４％と一般的予想よりも高めであり、医療の技術進歩はすさまじく、想定以上の経費増大の可能性があることも考えれば、実際には毎年の削減率をもっと大きくする必要があるかもしれない。これらに対処するために、年金のようにたとえば５年ごとに、足元の医療・介護の経費の実績に基づいて長期試算をやり直して、削減幅を改定していけばいい。

二つ目は、軽度な医療での自動調整である。現在、外来の窓口負担金は、使用された医療費および介護費の１～３割負担が原則である。このシステムを原則５００～１０００円以下を免責（１００％自己負担）にする方法により、年間０・１２５％ずつ自動調整するのだ。経済状況と医療・介護費を連動させ、持続的な医療・介護制度にするべきである。

この「自動調整」については、小泉政権時の2002年の医療保険制度改革において「伸び率管理」として提起されたものの、医療関係者の強い反対により断念した経緯がある。しかし、制度の安定と国民の安心が概ね確保され、冷静な議論と政治の覚悟があれば、導入は可能ではないだろうか。

選択式の医療保険制度

現行の社会保障制度は、あまりにもカバーする範囲が広い。そして、多様性が進むこの社会においては奇異に感じるほど、すべてが一律だ。個人および企業の負担を軽減するために、選択と集中によって制度をスリム化すべきだ。

日本の公的医療保険制度は、風邪のような軽度医療から、画期的ながん治療薬オプシーボ、また今後増えてくるであろう個人の遺伝子に応じたゲノム治療、遠隔で手術ができる医療機器「ダヴィンチ」ような高額医療まで、すべてを医療保険でカバーしている。最近米国で承認された「キムリア」というがん免疫薬は1回の治療当たり5300万円である。このままの制度で本当に大丈夫なのだろうか。

そこで選択式医療保険の導入を提言したい。全員が一律に加入する公的保険は保険の原点に立ち返り「大病のリスク」に対応したものに限定し、一方で風邪などの軽度の医療やあまりにも高度な医療は選択制にして民間保険会社も活用するというのがその概要である。具体的には次のようなイメージだ。

まずこれまでの医療・介護を次のように3段階に分ける。

①外来のうち医療費が低い治療（市販薬で対応できるもの）、軽度の介護（要介護2以下）

②医療・介護のうち、①と③以外

③遺伝子治療など国民全員を対象とするにはあまりに高額な治療

そのうえで、現在の公的医療保険を次のように3プランに分けて、個々人の選択制にする。

Aプラン：従来どおり①〜③を保険対象とするが保険料は高騰を続けるプラン

Bプラン：②③を保険対象、①を対象外として、保険料はあまり上昇しないプラン

Cプラン：②のみ保険対象、①③を対象外として、保険料はいまより軽減されるプラン

B、Cプランで保険対象外となった部分については、民間保険会社が多様な商品を提供してサービスを競うことにすれば、公的保険＋民間保険の合計額でみても従来より負担が減る人も多く出るはずだ。

自分の医療・介護費は自分で積み立て！

前述の改革により、現行の医療・介護保険の「過度の膨張」を防ぎ、「やりすぎ」の部分を

スリム化することができるはずだ。そのうえで、次は医療・介護保険の自己負担部分を念頭に「積み立て制度」を導入することを提言したい。

今後、医療保険のスリム化が進めば、軽度の医療や高度医療について自前で払うべき部分が増える。また、介護保険においては、都市部を中心に、低所得者向けの「特養」（特別養護老人ホーム）の増設は限界に達しており、自宅や「有料老人ホーム」「サービス付き高齢者向け住宅」などへの在宅介護サービスが中心となると見込まれる。

そこで、若いころから毎月一定額を積み立てて、これらの医療・介護の将来における負担に充てるのだ。具体的には次のようなイメージだ。

①医療貯蓄口座を開設。積み立て限度額を２０００万円とし、成年なら誰でも毎月一定額を所定の金融機関に積み立てることができる。積み立て額については所得税の控除を認める。
②疾病、要介護時において、いつでも積み立て額を取り崩して自己負担に充てることができる。
③65歳以上になれば、追加的な年金支給に充てることもできる。
④死亡時に残余があれば家族に相続も可能とする。

これらにより、将来の追加負担への備えができ、「もったいないから使わない」という意識の下、健康維持のインセンティブが働くことも期待される。現にシンガポールの積み立て制度ではこうした効果が表れている。

しかし、これだけでは、本当に積み立てが必要な中低所得者層の多数の加入は見込めない。そこで、所得に応じて一定額の補助を行い、積み立てを全員に義務化することがまず必要である。

そのうえで、中長期的には医療・介護・年金の保険カバー範囲をさらに徐々に減少させ、最終的に完全な積み立て方式に移行することにより、人口構成の変化から影響を受けない「自分のための公的保険」を実現することができる。

提言28 医療を100兆円産業に

お隣りにある数百兆円のマーケット

提言5でも述べたように、日本経済にとって医療・ヘルスケアは有望分野だ。2018年度、年金、医療、介護などの社会保障にかかる費用は約120兆円。日本のGDPの約4分の1という巨大な金額が、社会保障に投じられている。

120兆円のうち、医療費は約40兆円。超高齢社会の到来で、医療のニーズは右肩上がりで拡大し、2025年には、約50兆円規模になる。

日本は高齢化で世界の先頭を走っている。高齢化で日本を追いかけてくるアジアの人口は約40億人。日本の約35倍だ。単純には考えられないが、ざっと数百兆円規模の医療市場が近くに存在し、あるいは誕生するといっていい。アジアに限らず世界全体でみれば、医療・ヘルスケア市場は２０２０年には３兆ドル（約３３０兆円）に達する。自動車の新車の世界市場規模が約２２０兆円だから、これと比較しても、医療・ヘルスケア市場が巨大であることがわかる。

高齢化のトップランナーである日本にとって、この分野はニーズを先取りできるマーケットだ。もし日本の40兆円市場でビジネスを切磋琢磨させて成長させることができれば、アジア各国で、日本の医療ビジネス、ヘルスケア・医療データを利用したビジネスが活躍する可能性があるはずだ。「医療を１００兆円産業に」などというと、絵空事のように聞こえるかもしれない。しかし、アジアや世界全体の医療市場の規模感からすると、不思議な数字ではないことがわかってくる。医療ビジネスは、日本経済に大きな恩恵をもたらす可能性を秘めているのだ。

日本に医療市場がない？

ところが残念なことに、日本には医療ビジネスを育てる医療市場がない。いや、市場はあるにはあるのだが、過度の規制で官製市場になってしまっている。いくら40兆円規模だと息巻いても、実際には市場として機能していないのである。

たとえば、治療や投薬などの価格は「診療報酬」として公定されている。経験豊富な医師であろうと、新米医師であろうと、患者からは同価格の報酬しか受け取れない。薬品も高度医療機器も、どれだけ付加価値があろうがなかろうが、政治的な交渉のなかで価格が決められ、あるいはその影響のもとで決まってしまう。

また、医療分野は参入規制が非常に厳しく、病院を開設できるのは自治体や医療法人に限られている。株式会社は参入できないのである。おまけに、ベッドの数まで完全に管理されていて、新規に開院できるかどうかも役所が判断する。

これはまぎれもなく日本国の話だ。日本では、医療分野において市場原理が極端に排除されており、その結果、40兆円規模の産業が、日本経済に十分な貢献をしない状態で、税金だけ吸い取っていく状態に陥っている。

日本型医療システムの限界

提言27でも述べたが、たしかに、経済の規模からみて医療ニーズが小さかった時代においては、このシステムは素晴らしかった。誰もがいつでもどこでも病院に行くことができ、当たり前のように安い価格で診療を受けることができる。しかし、考えてみれば当たり前だが、高齢化で医療を受ける人が増えたり、医療技術が進歩してコストが上がっていけば、当然それだけカネがかかる。いまの日本は高齢化に加え、医療の高度化や情報化ともあいまって診療コストが高くなった。現在の官製市場は持続性を失い、かえって資源を浪費して地域医療を危機に陥れる結果をもたらしている。社会環境の変化にともなって、医療分野では、健全な市場機能を回復させていく必要があるだろう。

どうやって市場性を回復するか

かといって、いきなり医療に市場原理を持ち込んだら皆が困惑する。生命や健康にかかわわるから議論は煽情的になるし、既得権益を持つ団体も多い。

そこで、何もかもいっぺんにやろうとするのではなく、徐々に付加価値にお金を払うシステムを導入していくのがいい。付加価値にお金を払うシステムというと難しいが、要するにこの国でおカネが動く仕組みをつくろうということだ。

たとえば、医師の指名権の販売を認めて、価格は自由にする。名医に診てもらう権利におカネが動いてもおかしくはない。それと裏腹に、医師や医療機関の診療成績の公表を義務付けるのもいい。むしろなぜ公表されていないのか不思議なくらいだ。医療のランキングビジネスや認証機関ビジネスを育てることが可能かもしれない。

また、保険での診療に加え、自由な診療を認めて価格を自由にするのはどうだろうか。医療機関の創意工夫を後押しすることができるし、同時に、医師へのインセンティブにもなる。

さらには、市場原理に最も適した株式会社の参入を認めるべきだ。周辺のヘルスケアビジネスも後押しできるし、設備投資や間接金融の手法も発展するだろう。

他方で、市場をゆがめる公的資金はできるだけ投入させないことも必要だ。民間保険会社に公的保険の運営を引き受けさせることも効率性を後押しするかもしれない。

こうした試みに着手して、当たり前の市場原理を浸透させていくべきではないかと思う。

大胆な目標を掲げよう

ただし、数百兆円の市場で打ち勝つには、もっと思い切った方策が必要だ。どうせいまは官製市場であるから、2030年に100兆円を達成することから逆算したほうが早そうだ。いっそのこと国策で国内の大規模病院を統合して、5兆円規模の医療株式会社をいくつかつくってしまえば、市場活性化の起爆剤になるかもしれない。

自動車産業と同様、医療は裾野が広い産業である。大規模病院の人材と株式会社の特性を生かして、次世代の診療方法や医療そのものの在り方、医療機器、提言5で述べたようなプラットフォームなどに投資し、各国市場に積極的に進出する基盤を整えてしまうことも考えられる。

提言29　新たな弱者を生まないためのセーフティネット

制度のはざまへのケアの必要性

第4章、第5章のここまで書いた提言を読まれて、「そんなことをしたら、かえって不安が多い世の中になり、日本経済はむしろ悪化するのではないか」と思われる人もいるだろう。たしかに、第4章で述べた雇用改革、とりわけ企業による解雇制度の導入（提言22）が実現された場合には、現在各企業で「社内失業者」として抱えられている（かもしれない）人々が本当の失業者となるおそれがある。また、医療・介護制度改革（提言27）は、現行制度よりも医療・介護費用の自己負担を増やすものであり、今後の現役世代の減少による年金給付額減少の流れのなか生活困窮を招き、生活保護対象者の増大につながるおそれがある。

当然ながら、これまで述べた提言や制度改革により、新たな社会的弱者が生まれてしまうことは望む姿ではない。日本経済を強くしつつ、国民一人ひとりが最低限の潤いある生活を維持できるような、新たなセーフティネットの構築も合わせて提言したい。

マーケット原理に基づく再教育システム

最初に、失業者増加への対策について考える。

周知のとおり、現在も失業者に対する手当支給、再訓練などの行政サービスはある。しかし、今後、企業都合で解雇される人間が増えるとすれば、彼らがスムーズに再就職できるような積極的な支援が必要になるだろう。

当然ながら、そうした対象者は成長分野の産業・企業に再就職してもらうことが、日本経済の成長にとっても、個人の処遇にとっても望ましい。では、そのためにどのようなスキルを身に着けるべきだろうか。私たちは、ここでも個人の選択とマーケットに委ねることが基本だと考える。

すなわち、行政がお仕着せの再教育プログラムを準備するのではなく、個人の希望に応じて、大学・専門学校・その他の施設において自由に再教育を受けられるような仕組みづくりが必要である。そしてその再教育期間も、最短での〝卒業〟を目指す人、じっくり高度技術を習得する人のどちらにも柔軟に対応できるよう、彼らへの生活支援（失業手当）は現在の最大約1年から、3年程度へ延長することとし、その間支給額が徐々に減っていく仕組みにしてはどうだろうか。

一方、「個人の希望に基づいて再教育プログラムを選択・受講し、成長産業に再就職せよ」

と言われても、そのプロセスを的確にプランニングできる人は少数派かもしれない。そう考えると、残りの大多数向けのサポート体制も合わせて充実すべきだ。そこで、たとえば対象者に再教育や転職先についてのアドバイスを行う「ジョブサポーター」というような資格制度を創設してはどうか。対象者、あるいはその受け入れ企業がその再就職に満足した場合には、成功報酬が上乗せされるような仕組みにすることにより、「失業者を成長分野の産業・企業に再就職させ、日本経済全体の成長を図る」という狙いを後押しできるはずだ。

また、これら施策の費用については、雇用保険の財源、国の税金に加えて、企業都合で解雇した各企業にも負担を求めていくべきだ。

生活保護は現金支援でなく、即効性のある直接支援へ

次に、年金給付額減少による生活保護受給対象者の増大のおそれについては、現在の生活保護のような「現金を渡して終わり」ではない、即効性のある直接支援への転換を提言したい。具体的には、①空き家を活用した住居提供、②地域内の飲食店で使用できる食事券の提供、③医療費の自己負担の軽減（現行制度の延長線の施策）をセットにした最低限の衣食住支援だ。

現状の現金による生活保護給付には、「本当に必要な人に、適切に行き渡っていない」との評価をしばしば耳にする。私たちにその真偽の判断はできないが、少なくとも直接支援にすれ

ば不適切な給付（があるのであれば）は削減できるだろうし、直接支援を担う産業の活性化にもつながるはずだ。

なお、右記の「①空き家を活用した住居提供」を実現するためには、各地域で課題視されている空き家問題の解決が前提となる。これについては、一定期間（たとえば半年）市町村が各メディアに公告しても持ち主が見つからない場合には市町村がその土地・家屋に利用権を設定し、解体・新築または改築して、高齢者用住宅などに使えるような制度をつくれないだろうか。

また、①〜③の施策に必要な資金の確保のためには、一定以上の所得・資産を有する高齢者の年金額縮小も考えていかなければならないだろう。

おわりに

ここまで長きにわたって、私たち40名が1年間妄想してきたことにおつき合いいただけたこと、お礼申し上げたい。最後に、もう少しだけ、私たちが実現したい日本に関する妄想におつきあいいただきたい。

「偉そうに提言を並べるのはいいが、お前たちはどんな未来にしたいのか」と、問われることがまず想定できる。

そこで、私たちは30年後の社会を想像してみた。

30年前は、平成の初めであった。振り返ると、バック・トゥー・ザ・フューチャーという映画が１９８５年に日本でも大ブームとなった。このなかで、主人公が空飛ぶサーフボードに乗ったり、空飛ぶ自動車が描かれていた。また、われわれはみんなドラえもん世代であり、子どものころから、タケコプターやどこでもドアに憧れたものだ。子どものころに、30年後という遠い未来では、こんな夢のような社会も実現しているのではないかとか、あり得ないとか、言い合っていたものである。そして、いま周りを眺めると、ドローン技術や自動運転技術の芽が育ち、近い世界が見えてきている部分もある。しかし、自動車が自由に空を飛行する世界はいまのところ実現されていない。

それでは、次の30年後はどのような社会になっているのか。はたして、人がタケコプターや空飛ぶ自動車で移動する世界が実現しているのだろうか。ぜひそうあってほしいと願うが、答えは不明である。

ただし、確実に言えることは、過去の30年よりもこれからの30年のほうが、技術の進化も社会の変化も激しいものであろうということである。ビッグデータやＡＩ、ＩｏＴのもたらすイノベーションは、それがなかった時代とくらべものにならないものとなるだろうし、さらにいま想像もしない技術基盤が誕生している可能性も高い。

一方、見通せることは、日本では超高齢社会が定着しており、世界は順次、日本の後を追って超高齢社会を迎えることである。これはほぼ間違いない。

私たちは実は、30年後の社会を想像して言い当てること自体にはあまり意味がないと考えている。それは評論家の仕事である。どんな技術革新が現実となろうとも、それを真剣に想像し、いま何をすべきかを考え、行動することが私たちの責務である。

私たちは、梅津塾長の指導の下で濃厚な1年間を過ごした。この梅下村塾には5つの塾是というものがある。それは「流汗悟道」「実践躬行」「高志垂範」「超我奉公」「交友知愛」からなっている。私たちがこの1年間で学んだことはこれに尽きる。日本の将来を真剣に考えることを求められ、自分たちが実行することを常に問われ続けた。40名全員が自分事として日本の将来に危機感を抱き、自分たちが何をすべきかを考えるようになったことが最大の学びであった。


日本の30年後。悲観的な未来を考えないわけではないが、私たちは、必ずしも未来が暗いとは考えていない。むしろ、30年後の日本はいまよりも誇り高い明るい社会になっていると実はしたたかに想像している。

「必要は発明の母」である。世界に先駆けてさまざまな社会課題に直面する日本は、「世界に先駆けた社会システム」を構築して、世界へ示す機会にあふれている。再三述べたように、その最たるものが超高齢社会への対応だ。こうした危機を機会ととらえ、国・社会全体で克服した社会モデルを構築することで、世界の規範となるのである。そうすれば、第一・第二の危機を乗り越えた日本の当時と同じように、世界からの憧憬と称賛を得て、世界へ誇れる日本を実現できる。この実現は、経済的豊かさの確立だけでなく、ソフトパワーとしての国防力にもつながる。

私たち、いまの時代を預かる40代、50代として、次代の後輩たちに30年後、胸を張って、「あの時にやるべきことをやった」と言えるように頭を使い、行動を起こすことを宣言して、私たちの妄想を締めることとしたい。

最後に、梅津昇一塾長はじめ、1年間、私たちをご指導いただいた世話人やシニアアドバイザー、そして、講演や取材等でご指導いただいた先生方に心からお礼を申し上げたい。

また、出版に向けて、多大なるご尽力をいただいた丸善プラネット株式会社の水越真一様、有限会社アーカイブの陣内一徳様、「日本は経済から再起動する」というストレートで想いのこもったタイトルを授けて頂いた梅田悟司様、斬新でかつ力強い装丁デザインを生み出してくださった秋山具義様、本書への帯の寄稿を引き受けてくださった伊佐山元様、お世話になったすべての方々に心からお礼申し上げます。

出版に寄せて

フォーラム21・梅下村塾　塾長　梅津　昇一

平成の終わりに

「平成」が終わろうとしている。

この30年を振り返れば、世界から妬まれるほどに隆盛を誇った日本経済が、バブルの崩壊により一気に転落し、その後、長く低迷を続けた時代と総括できるだろう。

「世界第二位の経済大国」という地位は中国に取って代わられ、国際社会におけるわが国の地位も、経済の停滞とともに低下を続けている。

阪神大震災や東日本大震災の発生もあり、多くの命が失われた。近年の異常気象による豪雨水害や、今後予想される南海トラフ巨大地震や首都直下型地震と合わせて、わが国の国土の脆弱性を感じさせる。

一方、国民の政治や行政に対する不信は募るばかりだ。

もちろん、政治家や行政官には反省と奮起を促したいが、権利ばかりを主張し、批判ばかりを繰り返す国民の風潮や、これを助長するマスコミの論調も問題だ。

この国の行く末への憂いは尽きない。

平成の時代はほぼ、「フォーラム21・梅下村塾」の歴史に重なる。

昭和62（1987）年、日本全体が浮足立ったようにバブル経済を謳歌するなか、私は、真の日本らしさを体現し、国際社会で尊敬される国家を担う人材を育てたいとの思いから、「フォーラム21」を立ち上げた。

爾来、日本を代表する企業と官庁から、次のリーダーとなるべき人材を1年間預かり、育成に努めている。

「フォーラム21・梅下村塾」は、企業・官庁に「横串」を通す「場」として、また、「国家」を考える「場」として、年々、その必要性を増しているように思う。

31期生は40人。民間企業30社と10省庁を代表して参加した。1期生から合わせた卒業生の数は、１０３１人にのぼる。

31期生の歩み

31期生は、最年少は40歳、最年長は54歳、「平成」とともに社会人生活を歩んできた世代である。多くは、バブル崩壊前後に社会人となり、バブルの華やかさは聞かされるばかりで、その後の各企業の苦労ばかりを味あわされた者たちだ。現在の職場では、『モーレツ世代』の上司と『ゆとり世代』の部下との板挟みに遭う中間管理職」といったところだろう。

また、多くの者は、父として、また、母として、家庭でも大きな責任を担っている。

そんな世代や立場の表れか、開講当初の31期生は、「我慢強いものの、自己主張が弱い」、「人当たりはよいものの、押しが弱い」という印象を抱かせた。

また、日々の仕事に追われてなのだろうが、世界に目を向ける姿勢や、それぞれの組織を背負って立とうという気概、「国家」について考える意識が不足しているようにも思えた。

そんな彼ら、彼女たちにとって、「フォーラム21・梅下村塾」での1年間は、つらいものであるとともに、人間として大きく成長する機会であったに違いない。

感想文の提出を伴う大量の読書、経済界のトップリーダーを招いての講演会と意見交換は、知識と教養だけでなく、志を高める機会にもなったのではないだろうか。

萩、大分、そして中国への研修視察は、歴史の中で、また世界の中で、自分自身を振り返り、どう生きるべきかを考えさせる機会になっただろう。

そして、板妻駐屯地のご協力をいただいた自衛隊への体験入隊は、間違いなく、「国防」、そして、「国家」への意識を高めたはずだ。

31期生の選んだ共通テーマは、「経済」であった。

平成の世に、経済の低迷が国際社会におけるわが国の地位の低下を招いたことを考えれば、時宜を得たものだったろう。しかしこのテーマが、彼等、彼女たちを苦しめることになったように思う。

もとより、「経済」という概念は広い。家計から国民経済、国家財政に至るまで、また、個人の消費行動から国際貿易に至るまでだ。また、土地、労働、資本など、経済を構成する要素、それらを巡る制度・政策や社会の慣習まで考えなければならない。

31期生は、「経済」を徹底的に議論した。右往左往しながらも、時に、シニア・アドバイザーから厳しい指導を受けながらも、粘り強く議論を重ね、彼等、彼女たちなりの提言をまとめるに至った。

こうして、出版の運びとなったことには、私自身にとっても感慨深いものがある。ここに至るまでに、彼等、彼女たちも、随分と逞しくなったように思う。

この書籍には、31期生が、自分自身の、そして世界の未来を展望しながら考え、議論しぬいた結果として、29の提言が綴られている。彼らの努力の成果として、大いに評価すべきものである。

次代のリーダーとして

しかし、あえて言えば、31期生一人ひとりの使命は、これで終わりではない。「提言」の次は「実践」である。「実行」がなければ「結果」はない。自ら「汗」をかき、29の提言を一つでも多く実現してほしい。そうすることが、次代のリーダーとしての責任を果たすことになる。

また、31期生の諸君には、何歳になっても学び続け、努力し続けてほしい。10年後には、多くの者が各企業の経営を担うことになるだろう。いま以上に重大な責任を担うことになるはずだ。

しかし、その地位に安住し、守りに入ることなく、自分を磨き続け、挑戦を続けるのが、真のリーダーの姿であろう。「人生100年時代」、31期生の到達点は、まだ折り返し地点付近でしかないことを忘れないでほしい。

「感謝」の気持ちを

私自身、94歳という年齢になって、改めて感じるのは、「感謝」の気持ちを持つことの大切さである。

私の故郷は大分県豊後高田市。国東半島の西部に位置する。国東半島は、宇佐神宮をはじめ、寺社仏閣や磨崖仏なども多く、神仏習合の地として知られる。先日、「鬼が仏になった里『くにさき』」として、日本遺産に認定された。世界遺産の認定を目指す動きもある。

この国東半島の魅力を多くの方に知っていただき、世界中から訪れていただけるよう、「三十一ケ所霊場巡り」のルートを設定してはどうかと考えている。メインテーマは、「夢と共生と愛」だ。地元関係者とも相談を始めている。

この構想を思いついたのも、故郷への思いからだ。これまでの人生を振り返るとき、両親はじめ家族、生まれ育った地域への感謝の思いは尽きない。その思いが、私を故郷への恩返しに向かわせる。

結びに、私がいただいた天台宗大僧正青山映信師の書の言葉を紹介したい。

朝は希望に起き
昼は努力に生き
夜は感謝に眠る

31期の諸君には、このような気持ちで、一日一日を大切に、「感謝」の気持ちを忘れずに生きて行ってほしい。そして、「ポスト平成」のリーダーとして活躍することを心から祈念したい。

平成30年初秋　百合丘・梅下村塾　梅花道場にて

【主要参考文献】

●序章・第一章

『メガＦＴＡと世界経済秩序』石川幸一／馬田啓一／渡邉頼純、勁草書房、二〇一六年

『世界市場で勝つルールメイキング戦略』國分俊史／福田峰之／角南篤（監修）、朝日新聞出版、二〇一六年

『European Lobby, 2nd edition』Daniel Gueguen、EUROPOLITICS、二〇〇七年

『ＩＴと熟練農家の技で稼ぐ―ＡＩ農業』神成淳司、日経ＢＰ社、二〇一七年

『ＩｏＴが拓く次世代農業―アグリカルチャー４・０の時代』㈱日本総合研究所　三輪泰史／井熊均／木通秀樹、日刊工業新聞社、二〇一六年

『ＯＥＣＤビックデータ白書―データ駆動型イノベーションが拓く未来社会』　経済協力開発機構（ＯＥＣＤ）、明石書店、二〇一八年

『ヘルスケア産業のデジタル経営革命』ジェフ・エルトン／アン・オリオーダン、日経ＢＰ社、二〇一七年

『競争戦略としてのグローバルルール』藤井敏彦、東洋経済新報社、二〇一二年

『自動車会社が消える日』井上久男、文春新書、二〇一七年

『「石油」の終わり―エネルギー大転換』松尾博文、日本経済新聞出版社、二〇一八年

『エネルギー産業の２０５０年―Utility 3.0へのゲームチェンジ』竹内純子／伊藤剛／岡本浩／戸田直樹、日本経済新聞出版社、二〇一七年

『LIFE SHIFT（ライフ・シフト）』リンダ・グラットン／アンドリュー・スコット、東洋経済新報社、二〇一六年

『お金２・０　新しい経済のルールと生き方』佐藤航陽、幻冬舎、二〇一七年

『日本再興戦略』落合陽一、幻冬舎、二〇一八年

『デジタル資本主義』森健／日戸博之、東洋経済新報社、二〇一八年

『シェアリングエコノミーまるわかり』野口功一、日経文庫、二〇一七年

『「製造業のサービス化」戦略』西岡健一／南知恵子、中央経済社、二〇一七年

『仮想通貨ブロックチェーン＆プログラミング入門』玉蔵、ヒカルランド、二〇一七年

『現場主義の競争戦略』藤本隆宏、新潮新書、二〇一三年

『プラットフォームの教科書』根来龍之、日経ＢＰ、二〇一七年

●第二章

『経営の針路―世界の転換期で日本企業はどこを目指すか』平野正雄、ダイヤモンド社、二〇一七年
『日本再興戦略』落合陽一、幻冬舎、二〇一八年
『新・生産性立国論』デービッド・アトキンソン、東洋経済新報社、二〇一八年
『ハーバードはなぜ日本の東北で学ぶのか―世界トップのビジネススクールが伝えたいビジネスの本質』山崎繭加、ダイヤモンド社、二〇一六年
『人口と日本経済―長寿、イノベーション、経済成長』吉川洋、中公新書、二〇一六年
『「イノベーション大国」次世代への布石』日経ＢＰ総合研究所（編）、日経ＢＰ社、二〇一七年
『ＡＩ・ロボット開発、これが日本の勝利の法則』河鐘基、扶桑新書、二〇一七年
『決定版 インダストリー４・０―第４次産業革命の全貌』尾木蔵人、東洋経済新報社、二〇一五年
『経営の未来』ゲイリー・ハメル、日本経済新聞出版社、二〇〇八年
『40歳が社長になる日』岡島悦子、幻冬舎、二〇一七年
『ＣＥＯを育てる―常勝企業の経営者選抜育成プログラム』ラム・チャラン、ダイヤモンド社、二〇〇九年
『攻めのガバナンス―経営者報酬・指名の戦略的改革』タワーズワトソン（編）／西村康代他、東洋経済新報社、二〇一五年
『ふたたび世界で勝つために―グローバルリーダーの条件』ドミニク・テュルパン／高津尚志、日本経済新聞出版社、二〇一五年
『ものつくり敗戦―「匠の呪縛」が日本を衰退させる』木村英紀、日経プレミアシリーズ、二〇〇九年
『自動車会社が消える日』井上久男、文春新書、二〇一七年
『オープン＆クローズ戦略―日本企業再興の条件』小川紘一、翔泳社、二〇一五年
『シンプルな政府―〝規制〟をいかにデザインするか』キャス・サンスティーン、ＮＴＴ出版、二〇一七年
『２０２０年の産業―事業環境の変化と成長機会を読み解く』野村総合研究所、東洋経済新報社、二〇一三年
『アップルを超えるイノベーションを起こすＩｏＴ時代の「ものづくり」経営戦略』中根滋、幻冬舎、二〇一五年
『異業種競争戦略』内田和成、日本経済新聞出版社、二〇〇九年

●第三章

『日本再興戦略』落合陽一、幻冬舎、二〇一八年
『未来の年表』河合雅司、講談社現代新書、二〇一七年
『なぜローカル経済から日本は甦るのか』冨山和彦、ＰＨＰ新書、二〇一四年
『ザ・チーム』齋藤ウィリアム浩幸、日経ＢＰ社、二〇一二年
『データの見えざる手』矢野和男、草思社文庫、二〇一四年
『エネルギー産業の２０５０年―Utility 3.0へのゲームチェンジ』竹内純子／伊藤剛／岡本浩／戸田直樹、日本経済新聞出版社、二〇一七年
『日本の雇用と労働法』濱口桂一郎、日経文庫、二〇一一年
『日本の人事を科学する』大湾秀雄、日本経済新聞出版社、二〇一七年
『福岡市が地方最強の都市になった理由』木下斉、ＰＨＰ研究所、二〇一八年
『「危機感のない日本」の危機』大石久和、海竜社、二〇一七年
『ＬＩＦＥ ＳＨＩＦＴ（ライフ・シフト）』リンダ・グラットン／アンドリュー・スコット、東洋経済新報社、二〇一六年
『混ぜる教育』崎谷実穂／柳瀬博一、日経ＢＰ社、二〇一六年
『オープン・イノベーションの教科書』星野達也、ダイヤモンド社、二〇一五年
『Apple Inc in 2018』David Yoffie and Eric Baldwin、Harvard Business School Case 718-439、二〇一八年
『イノベーションの達人！―発想する会社をつくる10の人材』トム・ケリー／ジョナサン・リットマン、早川書房、二〇〇六年
『経済発展の理論』シュムペーター、岩波文庫、一九七七年
『限界費用ゼロ社会』ジェレミー・リフキン、ＮＨＫ出版、二〇一五年
『イノベーションのジレンマ』クレイトン・クリステンセン、翔泳社、二〇一一年
『人工知能は日本経済を復活させるか』柳川範之、大和書房、二〇一七年
『日本再生は、生産性向上しかない！』デービッド・アトキンソン、飛鳥新社、二〇一七年

●第四章・第五章

『新・生産性立国論』デービッド・アトキンソン、東洋経済新報社、二〇一八年
『働く喜び 未来のかたち』藤井薫、言視舎、二〇一八年
『未来の年表2』河合雅司、講談社現代新書、二〇一八年
『働き方改革の経済学―少子高齢化社会の人事管理』八代尚宏、日本評論社、二〇一七年
『労働法 第11版補正版』菅野和夫、弘文堂、二〇一七年
『日本的雇用慣行を打ち破れ』八代尚宏、日本経済新聞出版社、二〇一五年
『新・所得倍増論』デービッド・アトキンソン、東洋経済新報社、二〇一六年
『Journal of Applied Psychology 1975,Vol.60 "Journal of Applied Psychology"』J.Richard Hackman & Oldham、一九七五年
『コンビニ外国人』芹澤健介、新潮社、二〇一八年
『外国人労働者をどう受け入れるか』NHK取材班、NHK出版新書、二〇一七年
『人生100年時代の国家戦略』藤沢烈、東洋経済新報社、二〇一七年
『新 移民時代』西日本新聞社、明石書店、二〇一七年
『人口減少と社会保障―孤立と縮小を乗り越える』山崎史郎、中公新書、二〇一七年
『底辺への競争』山田昌弘、朝日新書、二〇一七年
『日本再生は、生産性向上しかない!』デービッド・アトキンソン、飛鳥新社、二〇一七年
『ルポ ニッポン絶望工場』出井康博、講談社プラスアルファ新書、二〇一六年
『社会保障亡国論』鈴木亘、講談社現代新書、二〇一四年
『医療が日本の主力商品となる』真野俊樹、ディスカヴァー携書、二〇一二年
『「病院」がトヨタを超える日』北原茂実、講談社プラスアルファ新書、二〇一一年
『人口経済学』加藤久和、日経文庫、二〇〇七年
『仕事と家族―なぜ日本は働きづらく、産みにくいのか』筒井淳也、中公新書、二〇一五年
『人口減少社会の構想』宮本みち子/大江守之、放送大学教育振興会、二〇一七年
『教養としての社会保障』香取照幸、東洋経済新報社、二〇一七年

フォーラム21・31期　参加者一覧（50音順）
秋田 敬介／秋和 利祐／阿久津 正好／有馬 寿純／池亀 耕太郎／岩満 孝明／江島 まゆみ／大沢 元一／大杉 住子／岡谷 洋介／岡山 誠／川埜 周／川本 登／勘場 永子／公荘 雄一／是澤 正樹／金野 浩子／佐藤 光紀／佐藤 実／島田 勝則／随念 学／首藤 洋一／田原 創／中尾 晃史／中西 泰文／中森 圭介／橋本 哲史／原田 諭／福島 康介／益井 澄子／松井 聡信／松野 亘／丸山 真弘／森下 充弘／矢野 精一／山崎 琢矢／山本 剛史／吉田 一生／吉原 俊博／渡辺 誠

フォーラム21・31期　参加者所属（出身）企業・官庁（50音順）
イオン／出光興産／NTTコミュニケーションズ／NTTドコモ／オリックス／外務省／花王グループカスタマーマーケティング／鹿島建設／経済産業省／警察庁／厚生労働省／国土交通省／財務省／サントリーホールディングス／資生堂／新日鐵住金／セコム／全日本空輸／総務省／ソニー／大日本印刷／電通／東京電力パワーグリッド／東レ／日本アイ・ビー・エム／日本生命保険／日本電信電話／農林水産省／東日本電信電話／東日本旅客鉄道／日立製作所／富士ゼロックス／防衛省／本田技術研究所／ヤマトフィナンシャル／みずほ信託銀行／三井不動産／三菱重工業／三菱商事／文部科学省

※本書の意見や提言は個人の立場で書かれたものであり、所属する企業や官庁の意見ではありません。

フォーラム 21・梅下村塾

フォーラム 21 は、日本を牽引する次世代リーダーの交流育成を目的に、1987 年、真藤恒（当時日本電信電話株式会社社長）、小林陽太郎（当時富士ゼロックス株式会社社長）、梅津昇一（当時株式会社ユーエス・コーポレイション社長）の三氏が中心となって設立された異業種交流機関である。1999 年、今井敬氏（当時新日本製鐵株式会社会長・経団連会長）が「平成の松下村塾たれ」との思いでこれに「梅下村塾《ばいかそんじゅく》」と命名した。同塾は、梅津昇一氏が〈塾長〉として主宰し、毎年、主要企業などから推薦を受けた中堅幹部が参加している。一期一年、これまで（1 期～ 31 期）の修了生は 1031 名にのぼり、その中から企業社長など各界トップを多数輩出、日本を牽引するリーダーたちの巨大なネットワークを形成している。

http://www.forum21.gr.jp/index.html

日本は経済から再起動する

二〇一八年一一月一〇日　初版発行

著作者　フォーラム21・梅下村塾31期生

©2018

発行所　丸善プラネット株式会社
〒一〇一-〇〇五一
東京都千代田区神田神保町二-一七
電話（〇三）三五一二-八五一六
http://planet.maruzen.co.jp/

発売所　丸善出版株式会社
〒一〇一-〇〇五一
東京都千代田区神田神保町二-一七
電話（〇三）三五一二-三二五六
http://pub.maruzen.co.jp/

編集／有限会社アーカイブ
組版／株式会社明昌堂
印刷・製本／大日本印刷株式会社

ISBN 978-4-86345-397-5 C0036